築夢踏實
事務所

斜槓實力
擴展學苑

林品卉、李仁豪、蘇苡禎、李翔竣、林有輝 ◎ 著

序
學習栽培自己　讓天賦精彩

2020 年因為全球疫情，人類的意識開始轉變，充分展現了危機即是轉機、也是提升生命品質的契機。如同許多智者提示過：疾病和死亡都是神聖的，端看我們能否參悟現象背後的禮物。

如果疾病和死亡啟發我們更有覺知地活著、督促我們活得更當下更深刻、讓我們把握每一次相聚、及時表達感恩表達愛，這無疑就是生命的厚禮了。

在世界遭逢巨大改變的時刻出版「多元天賦」的書籍非常具有特殊意義；當新的時代來臨、原本熟悉的生活被翻轉，還有什麼會留下、會彰顯、被珍惜？

更嚴肅地說，當死亡來臨，我們能否由衷地微笑，坦然以對，覺得此生無憾？

還有什麼想做的事沒做？該說的話沒說？該行動的時候遲遲未動？

閱讀此書，走在不同天賦道路上的作者有著各自的故事，每一個努力綻放的生命都令人感動。

烘焙師螞蟻，如何在生涯轉折點，因為愛的記憶，烘焙出幸福香甜。

主持人 MOMO，經歷父母離異、家族重男輕女的辛苦童年，命運沒有打倒她，是什麼樣的契機和想法，讓她活得熱力四射、正向積極？

　　財務軍師翔竣，在擅長的領域持續不輟的自學、從資訊管理延伸到財務管理，協助分析歸納，熱情貢獻他的天賦與專業。

　　擅長思考的攝影師仁豪，如何從業餘愛好者的素人攝影師，切磋琢磨成為令人讚嘆的專業攝影藝術家？在每一個階段，他透過什麼樣的思維而提升？

　　財務藥師有輝，又是為何會從白袍藥師，成為身兼「講財」「勸恩」的天賦之責的豐盛佈道者？

　　這些努力實踐天賦的真實故事都觸動著您我。畢竟人人都有權追求真實的幸福——用天賦才華奉獻世界、活得淋漓盡致的幸福。

　　人人有權培養自己成為真正的富人——真正的富人不

只是口袋有錢的人，而是身心靈各方面都圓滿豐盛的人。

多元天賦的作者群，分享真實生命故事，分享真實練功方式，分享經驗累積出來的心得、訣竅與感悟。

受到觸動的讀者或許會隨著文字一同微笑或流淚，或許會受到鼓勵或啟發，或者激發出新的靈感，也或許在某一天與某位作者相遇、促成了彼此天賦或事業的合作與交流......。

智庫雲端 發行人 **范世華**

目錄

PART-2 好樣攝影工作室 攝影師仁豪

PART-3 甜點烘焙師 螞蟻/Elly

PART-1

婚禮主持人
品卉 MOMO

邀請您與作者群建立更密切的關係

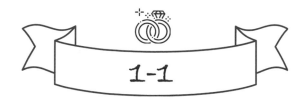

聒噪愛說話的孤單小女孩

　　說好聽一點，我小時候是個活潑好動的小孩。

　　或是講實在話，其實我是很多人眼中過動、吵鬧、無法安靜的小孩。

　　爸爸媽媽在我小時候就離婚了；「父母」在我的印象或概念中其實是相當模糊的存在。

　　我是奶奶帶大的，一般所謂的隔代教養。奶奶的觀念裡完全沒有我們現在說的男女平權；她就是徹徹底底的重男輕女，我和弟弟在她心中完全是不同等級，弟弟是男孩子是個寶，女孩子就什麼都不是。她都直接罵說「查某囝

子沒路用」。

但是我自己並沒有受到奶奶重男輕女觀念的影響。雖然我會覺得不公平，也知道奶奶的偏心是很嚴重的偏心，但我只覺得她這樣很奇怪，我沒辦法認同。雖然我也曾經生氣她對弟弟的偏袒，但並不會因此恨她怨她。

尤其長大後，想到她那麼重男輕女還願意照顧我這個孫女，讓我天天有飯吃有衣服穿、可以上學讀書好好長大，真的非常感謝奶奶的養育之恩。

我知道有些重男輕女家庭出身的朋友，對於自己是女孩子這一點會有陰影，或因為受過差別待遇而長期累積不平衡的情緒。

但是我覺得自己大概是因為從來沒有認同奶奶「重男

輕女」的觀念，所以並不會因為受到差別待遇就對自己感到自卑。

會自卑是因為你認同了才會覺得需要自卑；如果你根本就不認同、根本就很清楚知道那是錯的，怎麼還會覺得需要自卑呢。

除了活潑好動之外，可能從小我就有點與眾不同吧，我的過動特別表現在「愛說話」，常常被大人罵說「很吵鬧」、「很聒噪」、「怎麼這麼愛說話」之類的。

小時候在學校也會遇到各種霸凌，就是想辦法欺負妳排擠你。小孩子很奇怪，可能看你跟別人不一樣，例如知道妳爸媽離婚、或剛轉學、或老師常在上課罵你太吵太愛說話，就會覺得你是哪裡不好，要來欺負妳一下。

　　這種很幼稚的心態其實我沒辦法理解，但是經常遇到。所以後來我就更加不容易受到影響。

　　「塞翁失馬焉知非福」，可能小時候經歷過這些，讓我的心理素質變得比較強壯，長大出社會後面對很多事情的變化，我也都不會覺得有什麼大不了的，遇到了就是兵來將擋水來土掩，好好的去克服就對了。

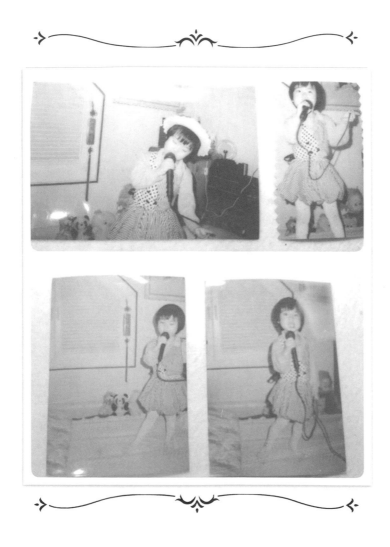

從事過各式各樣的行業

　　不知是否因為從小的成長經驗，激發我的潛力，還是天生個性偏向獨立早熟，我十六歲就開始賺錢，二十一歲自己創業開服飾店。

　　早早開始工作賺錢單純是因為自己想賺錢，因為開始賺錢就表示自己可以獨立，可以用自己賺來的錢去買自己想要的東西、去做自己想做的事；現在想起來，就是可以有做自己的自由和自信。

　　我做過的工作種類實在太多太多了，五花八門各式各

樣的，除了八大行業那一類或非法的沒做過之外，一般人能想到的大概我都曾經做過。便利商店、速食店、餐飲店、服飾店、寵物店、生技業、醫療業、金融業、加油站、外勞仲介、各式各樣的業務......，還有在繁殖場工作過，要幫狗狗掃大便那種。現在說起來做過這麼多種工作，很多人都覺得無法想像。

工作沒有很難，我又學得很快，一份工作很快就能上手，然後就會覺得無聊，沒興趣了之後就換工作......。就這樣一直換來換去，換到可以做的工作幾乎都做過了，還是找不到自己究竟要什麼。

有段時間擺攤賣服飾，生意還不錯，後來想讓經常跟我買衣服的客戶有比較舒適的環境，就找了店面開了服飾店；開了店有成本在那裡，就不會讓你可以說換就換，所以這個工作就持續比較久的時間，服飾店開了好幾年。

這些工作經驗讓我發現，就算沒有很會讀書或沒有高學歷的光環加持，一個人還是可以在各種環境學習和培養、發揮自己的能力。

自己賺錢之後也可以回饋曾經照顧自己的奶奶，在她需要的時候照顧她、買她喜歡的東西給她。

其實這幾年奶奶終於改口說：「還是女孩子好，女孩子孝順又貼心。」

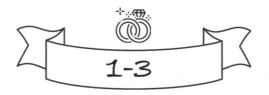

過去的缺點成為現在的優勢

　　會成為主持人，是因為有一次朋友開玩笑地說：「妳這麼愛說話，怎麼不乾脆去當主持人？！讓妳一次講個夠。」

　　那一刻其實我有點震撼，心裡默默被觸動到；因為我從來沒有想過，原來「愛說話」可以去當「主持人」這件事。當然朋友應該也沒有想到，因為他一句玩笑話，我真的上網去找「主持人」這個行業，要怎麼成為主持人？要如何拿到入場券？就這樣讓我找到了「婚禮主持人」的相關資訊。

後來我就報名去上課，接受成為婚禮主持人的養成訓練，課程結束後也完成「正式主持一場婚禮」的考驗，正式「畢業」，成為專業婚禮主持人。

　　小時候我曾經因為太常被大人罵說「太吵」、「太聒噪」、「太愛說話」而感到自責、沮喪，覺得會經常挨罵的一定是自己的「缺點」。但我就是愛說話啊，想改也改不掉！

　　現在如果有朋友說：「欸，MOMO 妳一直講話都不會累嗎。」

　　我就會回答：「這就是我的特色，因為我是主持人啊！」

　　後來，在自我介紹的時候如果有朋友問我「為什麼會成為主持人」，我就會說，成為主持人是我小時候的夢想，也是我在主持時最大的動力來源。回想起小時候對舞台

上、電視上的主持人是有憧憬、嚮往的，只是從來沒想過原來自己也可以。

經歷過很多事以後體會到「世事難料」，誰會想到小時候經常挨罵的特質，經常被說怎麼那麼吵、那麼聒噪、那麼愛說話的特質，現在成為我的天賦優勢。過去以為的缺點，原來是自己的天賦，是自己的強項，是自己的才華與驕傲。

．

偶爾我也會想，如果從小這份特質就受到肯定和鼓勵，能夠受到悉心栽培例如接受表演藝術教育或多學習幾種語言，那麼今天的我在舞台上又會有什麼不一樣呢？或是否會站上不同的舞台呢？

1-4

單槍匹馬踏上婚禮主持人之路

被朋友開玩笑之後，我就真的上網搜尋有關「主持人」的資訊，找到關於婚禮主持人的培訓課程，從此一步一步栽培自己成為獨當一面的婚禮主持人。

我上的課程很嚴格，課程最後，要自己去找到案子、主持過一場正式的婚禮，才能畢業。我很幸運，是所有同學當中第一個接到案子的。

可能因為我從事過太多工作，其中有些工作是業務性質，為了業績就要做陌生開發，開發客戶、開發市場......，

所以業務跑久了就會有一種直覺,知道客群在哪裡,應該怎麼去找。

我就上網搜尋相關的資訊,跑去婚禮社團「我要結婚」,毛遂自薦的公開詢問有沒有人需要婚禮主持人,我願意免費服務。

當然重點還是要誠心誠意地介紹自己,提供個人履歷資料讓人參考,不然婚禮這麼重大的事,不會有人因為妳說免費服務就放心交給妳主持。

接著就有人跟我聯繫,然後約當面談。很巧的是,碰面之後發現對方認識我,說對我有印象;聊過之後發現原來他是我之前有業務合作的公司職員。後來聊得很開心,對方也信任我的能力,就這樣獲得了第一個主持機會。而且雖然說是免費服務,圓滿結束後還收到一個紅包。

接下來很幸運的，找我主持的案子就一直自動出現，都是別人介紹或看到口碑來的，不是我自己去開發的。

對於這樣的幸運或恩典，我常常想是不是過去做好事幫助別人，所以上天特別眷顧我，讓我可以有許多機會運用我的天賦服務更多人。

但是因為我沒有加入任何的婚顧團隊，一個人單槍匹馬，在婚禮主持的工作上其實是比較辛苦的。這條路上同行相忌，別人把妳當成競爭對手，自然不會想教妳太多，很多事都只能靠自己去摸索。

有加入團隊，會有人互相支援，公司有規模、有行銷宣傳、有業務在跑，就會接到比較多案子。可惜我沒有遇到適合的團隊；適合的團隊要理念接近，如果彼此理念和演出方式不同是無法合作的；所以後來還是獨立接案，讓

自己的服務可以維持自己喜歡的品質。

二十八歲才認出天賦

　　財務改造教練林有輝，是鼓勵我踏上天賦道路的人。我認識有輝十幾年了，剛認識他的時候只知道他是個藥師。後來聽說他取得理財方面的證照，還出了書，也有分享財務改造的課程。

　　我問有輝你在上什麼課，有輝說你來就知道了。

　　那時候我抱持著莫名的懷疑，因為我曾經被保險/直銷公司帶去聽課，聽到最後才知道是在推銷保險/直銷，我不喜歡這種感覺。遇到類似的情況我就會產生懷疑與反感。直到後來有一次忽然開竅才明白他在做什麼。

　　第一次被邀請去主持他在中山站附近開的財務改造讀書會，我知道自己還是在懷疑他，我還坦白地問有輝你是不是在經營類似直銷的課程？讀書會結束後才發現自己真的是因為過去太多的不好印象，差點損失了一個學習的大好機會。之後有一次在社會創新基地舉辦的新書發表會和讀書會，很多人提問，我才慢慢聽懂他這些年的分享是在做什麼，才發現自己之前慧根沒有開。

　　我很晚才知道我的天賦，二十八歲才知道。那時候我跟有輝說我學過婚禮主持，我很有興趣，有在接案子。但是剛開始擔任主持的我，拿起麥克風主持活動時，還是會不知道要說什麼。

　　開始主持的前兩年，我還是做過不同的工作。

　　我想換工作的時候，第一個問的都是有輝，我會問有

輝我換工作好不好，有輝就會跟我說，去做你的天賦。

但做天賦是很難的，因為主持工作沒有公司，沒有勞健保，沒有三節獎金、年終獎金，但是很快樂。

我後來做太多工作。每次工作的業績都很好，但就是有沒有熱忱。

我在金融業做信用卡業務，曾做到年收入超過一百五十萬，我同事當初都是開賓士；但是現在看，有兩種人，一種是買車高額貸款，離職後繳不了就賣掉車子，一種是買房子背著房貸，一直無法離開銀行工作。

我年收入雖然破百萬，但是還是很不快樂，賺了錢只會放戶頭，然後想說辛苦賺錢，要出國犒賞自己，就大筆大筆的將錢花掉。

後來從銀行跳到外勞仲介，在醫院發傳單，我業績還是很好，但是我沒辦法做那樣的工作。大家都知道，一定是家裡有老人、有病痛，才會請外勞，所以工作的負面磁場很強，我每天要聽雇主抱怨外勞的不好，聽外勞抱怨雇主虐待他。所以我決定辭職。

鼓起勇氣追隨熱情

　　原來快樂會讓人有熱情，熱情就會滾動天賦，天賦運轉之後，錢就會一直來。

　　但是絕對沒有人會去做這件事，因為辭職後沒有人會給你底薪。我在台北每個月開銷要四萬：租金一萬，吃飯一萬，手機費、日常用品的開銷、保險等等，一個月開銷四萬。

　　如果你正在工作或是創業，一定要找到自己的天賦，因為我們人有身心靈，我的身體就是一直綁在我每個月要

付一萬塊租金，每個月一定要一萬塊吃飯，我要繳一萬塊保險，我每個月一定要有四萬塊的工作，我一定要找每個月有四萬的工作，最後靈魂一定會枯死在心裡，最後呢，我可能賺到了錢，但得到憂鬱症、躁鬱症而死。

到了 2019 年年初，我辭掉一份很好的工作，除了有輝的鼓勵以外，還有男朋友的支持。

我的工作很好，每個月有固定薪資、固定獎金、有三節、有年終，只要上班打卡完，沒有人管我，下班不用打卡，我想說這麼好的工作怎麼有人不想做。其實當你不想做的時候，你就好像行屍走肉，你不快樂，領到錢後，不知道這些錢要幹嘛。

在選擇過程中猶豫的時候，我男朋友也會在旁邊給我意見。他剛開始也會說這麼好的工作怎麼不做，但是他也

看到我的天賦，他說你先休息，看你想做什麼，不用擔心錢，想做什麼就去，只要開心就好。

有這麼支持你的人，我覺得是很奇妙的人生緣分。

在接洽各類主持案子時，有輝的案子是我優先服務的VIP。我們之間沒有任何金錢利益來往，就是一個信任與支持。他給我許多的正能量，鼓勵著我。每次當我想要換工作，總是跟他抱怨工作，他只會跟我說：做你自己，朝著你的天賦走，不要害怕。

在人生道路上如果有支持你天賦的人、看見你天賦的人，一定要珍惜。

就像我的天賦在不懂欣賞的大人眼中曾經是「聒噪吵鬧愛說話」，在懂欣賞你的人眼中，就可以拿起專業主持

的麥克風，協助一場又一場活動並圓滿完成，並且為自己

賺進快樂的財富。

不限金額的天賦實驗

　　我現在都自己接案子，我的案子沒有透過行銷廣告，都是朋友介紹。

　　我算蠻幸運的，一般做婚禮主持人，都要找團隊。我一個人接案，還能接到不錯的案子。當然這背後也有我長期努力付出所累積的成果。

　　之前去上有輝的課程，發現他都讓學員隨喜。

　　什麼是「隨喜」？並不是你隨便給，而是衡量你心中收穫的價值、肯定的價值來給。我覺得這很有意思。

所以前幾十場婚禮，我都用隨喜的方式收費，或許收到的金額不多，但是我在隨喜找到我的價值。

我都跟新人講說，我幫你主持婚禮不是不用錢，只是我希望創造自己的價值給你，你不用跟我談多少錢，我希望在服務的最後你用隨喜。他就會問隨喜是什麼？

隨喜就是我在幫你服務之後，以你的能力範圍包紅包給我，我會收這個紅包，但是我們不談金額是多少。

收到的隨喜紅包，從剛開始收到三千六，六千六到最後一萬多。所以說從隨喜過程看到我的價值，我的專業，越來越受肯定。

如果有朋友想嘗試這樣的做法也可以嘗試看看；但還是要有計畫性的隨喜。

現在的社會比較混亂，我會建議把自己的動機區分清楚，就是你要做公益就做公益，要做商業就做商業。決定好之後就不要搖擺不定、跟自己過不去。如果無法放下得失心，只收到一塊錢就會覺得自己是不是沒有價值，那你可能就不適合隨喜，就還是訂一個自己心裡過得去的價格去報價。

有人會說「隨喜......但是不要包低於多少」，但是這就不是隨喜了呀；隨喜的目的是，我在這份工作要發揮我的熱情和熱忱，即使我拿到的紅包裡面是一塊錢，我也覺得有價值，因為我今天的價值不在於紅包的內容，而在於我做的行為，我自己看到我自己，我給自己價值的評分，我在隨喜的過程，找到我自己的價值和天賦，建立自信。

所以決定要隨喜就把對金錢的得失放下，因為你是為了更重要的價值在做。

1-8

婚禮是一場隆重的演出

一場婚禮，我和新人面談的時候，我都會告訴我的新人，婚禮的本質就是透過喜宴，讓兩家人與親朋好友透過祝福有更緊密的連結。

我現在接的案子不收訂金。婚禮不收訂金風險很大，譬如我四月十四號在君悅主持，我這個時間已經空下來，其實還有別人要找我主持，如果四月初她才跟我說不好意思，我親戚的大嫂要幫我主持，我案子就沒有了。所以我對於接主持人這一塊很有信心，因為我的新人到現在沒有跑過。只有一組，她真的跟她老公吵到沒有要結婚。

為什麼我不收訂金呢？因為我接婚禮一場活動企劃是一萬二千八，我跟新人收訂金兩千塊，我不覺得這兩千塊會讓我生活更好過。當新人問我訂金是多少，我會說我不收訂金，但如果你沒有要讓我主持，請你提早告訴我，因為還有別的案子要服務。不接主持的時間，我可以去做公益，幫助別人，我可以做自己想做的事，我可以休息。

　　接案的時候我會挑新人；有一種新人是用錢在衡量人，我不是很喜歡那種感覺。

　　我沒有把婚禮主持當成我的工作，我當成是夢想和熱忱，所以我的案子沒有跑掉過。

　　我在婚禮接洽的企劃過程，我會先跟你面談，知道你的需求，我會知道在這場婚禮，新人想要用什麼風格來呈

現，我會問新人說，這場婚禮你只是要有個人拿麥克風講話嗎？如果只是這樣，那我可以設計流程給你，你請一個會講話的親戚朋友幫你主持就好。還是這場婚禮，你希望有一個人，他可以透過你們的故事去量身打造與設計，讓大家來參與這場很豐盛的婚禮的同時，不管是很熟或很久沒聯絡的親戚朋友，可以透過這場婚禮，了解這兩個人是怎樣開始，中間經歷過什麼，未來的幸福就是由大家來祝福。它是很有意義的一個故事，我就是這個故事裡面的配角與陪伴者。所有內容企劃都是以新人想法為主軸。

辦婚禮時，新人都會問我二次進場發禮物好不好，我會回答沒有所謂好不好，我會告訴新人說，你要發禮物的優點是，在進場的時候會非常熱鬧，因為會有一群人衝過來搶你的東西，不起身的就是不起身，起身的就會起身，缺點就是，你請了非常專業的攝影師，在你進場穿著美麗的白紗或禮服時，會有一群人圍在前面搶，這畫面是你想

要的嗎？再來就是，你給他們搶這個東西的含義是什麼？我提供經驗的畫面讓新人去參考、去選擇，主導權還是在新人身上。

比獲利更珍貴的事

不管主持什麼婚禮，我配合的新秘老師和攝影師，都是儘量不合作，但我會推薦；因為很多人要合作，會說我給你一成介紹費，但是如果這個攝影師品質不好，我賺了那一成，但是影響到我的價值，那非常不划算。所以我的攝影師都是拍新人照的攝影師，我看他很盡責，不抽煙，因為抽煙會損失一些畫面，然後交作業時間很快，下一次我就會推薦這個攝影師。下次跟攝影師同場，攝影師知道我推薦他的時候，雖然我不拿那一成服務費，但是他會幫我拍很多照片跟影片，我覺得那是無價的。

這就是有輝教我的，變化球。超越金錢框架，讓有價

值的事物可以變化成其他有價值的事物，吸引更多其他有價值的事物。

財富和價值不是只有金錢，還有很多比金錢更有價值的、甚至金錢難買的財富。

除了婚禮，我也主持公益活動，而且覺得非常快樂。

我跟阿凡達魔術師一起做公益，我幫他主持，沒有酬勞，但不知道為什麼就覺得很開心。以前都以為有錢會快樂，但現在發現，快樂後會更有心力去賺錢。

我也曾積極主動尋找公益主持的機會，因為很多照顧弱勢的公益基金會在舉辦活動的時候是沒有預算請主持人的，我會毛遂自薦去幫忙，透過我的專業主持為活動增色。

　　2020 年，受到新冠肺炎疫情影響，很多活動無法如期舉行，對於主持工作的影響很大。沒有接案的期間，因為我的個性就是閒不住，和朋友一起辦聯誼、做直播......反而比有接案的時候還要忙。

　　思考之後，我就重新再找了一份正職工作，讓自己對「主持人」的工作可以保持全心全意地投入。一方面反正自己閒不住，再來就是當我不必依賴主持的收入生活，無論接多少錢的主持工作我都可以全心全意去做，不會因為得失心影響我的表現和服務品質。

　　或許因為這樣「順流」的狀態，讓我在工作上遇到有史以來遇到最好的上司。我的主管是個不會因為部屬犯錯就指責的人，不但溫厚包容、而且很願意教導部屬。遇到這樣的好主管，工作再忙再累都不會想抱怨。

像現在這樣同時有一份正職工作，並且接案用自己的主持
天賦服務他人，對我來說是既平衡又充實。我很珍惜當下
所擁有的。

接受上帝給予的禮物

我都對朋友說我自己是「自然系熱情款」的人類，喜歡就說喜歡，不喜歡就說不喜歡，認為對的就說對，認為不對的就說不對，可以直接表達的都不會拐彎抹角。

我接受自己的特質，也接受生命給我的經歷；尤其在成為基督徒之後，我覺得生命中的遭遇其實都是上帝給予的禮物。

從小生長的環境會有拜拜，但是燒香的味道很刺鼻讓我覺得不舒服，而且覺得很不環保；再加上每次都聽到拜拜的人對神明叨念著要求這個、要求那個……，聽起來就

是有種奇怪的感覺。

　　後來在生活中遇到的人，無論是在台灣的東南西北各地遇到的人，讓我感覺相處起來很正向舒服的，竟然都是基督徒。

　　他們帶給我一種溫和安定的感覺、核心都是以愛為出發點，經常主動關懷別人，又不會讓人有壓力，對你好都沒有任何目的......。

　　後來朋友邀我去教會參加聚會，我覺得唱詩歌敬拜的方式我很喜歡，凡事以愛為出發點，時時能為他人禱告，有著喜樂且平安的心我很喜歡這種感覺，決定接受這個信仰受洗為基督徒。

　　聖經教導了我許多事，禱告的時候我覺得很輕鬆很感

動。因為這樣的濡染，我逐漸放下過去剛硬的個性，成為比較柔軟的人。

舉例來說，以前的我，會為了邏輯上的是非對錯和奶奶爭辯，讓她覺得孫女頂撞她、忤逆她。但是現在的我可以選擇用溫和的態度好好說話，溝通起來的結果反而是更好的。

奶奶看到我的變化，也願意讓我帶她去教會走走，參加聚會。

或許因為在教會交了很多朋友、有很多快樂友愛的互動，讓奶奶的個性起了很大的化學變化。以前我很怕接到她的電話，打來抱怨很多事，每次接到電話我就感到很多負能量。現在奶奶打電話來幾乎都沒有什麼抱怨了，就是聊聊天，關心你好不好，語氣變得很開朗。

我喜歡朋友給過我的一句話：「受苦的內心，堅強的靈魂。」而我自己再加上一句話：「勇敢的人生，活出新自己。」

　　以前會覺得自己小時候的經歷太坎坷，現在會覺得這些經歷都是上帝給的禮物。

　　父母離婚、祖孫隔代教養，奶奶重男輕女……，凡此種種都讓我獨立、成長，也在嘗試過的許多工作中肯定自己的能力，肯定自己的價值。

　　聖經說：「喜樂的心乃是良藥；憂傷的靈使骨枯乾。」面對生命，我不會害怕、恐懼。在歷經許多磨練之後，我對自己的信心已經不必依賴任何人給我肯定。即使我失去一切、一切歸零，只剩身上的衣服、兩手空空一無所有，我也不怕，我知道自己能靠著雙手活下去，不僅養活自己，

還能重新打開一條道路。

所以我要感謝生命中的一切,每個曾經照顧我、對我好的人,或曾經給我磨練的人。

還有我的狗狗,也是上帝給我的禮物。當初朋友無法再養牠,需要有人領養,我覺得牠很乖很可愛,就領養了牠;牠陪伴我十年的光陰。雖然現在牠已回到上帝身邊,在我心中牠永遠是我的寶貝小天使。

認識我很久的朋友會說我變了,和以前不太一樣。我說原本總是以為自己很可憐,現在覺得自己超級豐盛;如果要我形容自己的生命歷程,我會說就像彩虹一樣色彩繽紛然而還創造出更多限量版的色彩,做自己的主人,成為別人的貴人,創造生活中的無限可能。

最近我更體會到：公益就像種下幸福的種子，哪時候開花結果你不知道。但開花結果的時候往往超乎想像的豐盛——就像我遇見幸福，遇到一個神隊友陪伴我牽手一起朝著天賦夢想前進。

祝福打開這本書的每位讀者：

打開生命的禮物，認出自己的天賦，擁抱自己的豐盛。

PART-2

好樣攝影工作室

攝影師仁豪

邀請您與作者群建立更密切的關係

2-1

天賦是命定的相遇

攝影是我的生命，也因為攝影，我看見了更多的自己。

記得第一次認真拿起相機拍照，是高中畢業旅行時。

那是一台塑膠殼，輕如玩具的底片機，除了快門與閃光，幾乎沒有任何其他功能。當時的九份與現在不同，還是個幽靜的山城，蜿蜒的階梯與坡道上滿是古樸的屋舍。黃昏時，同學站在山丘小徑上被夕陽照得金黃，我按下快門，心裡有個非常清楚的念頭：這是創作，不是旅遊紀錄。

當時的照片已經找不到了，但那份感覺依然鮮活。大家應該都有這種感受：透過相機看世界時，會馬上轉換另一種視角，另一種心情，既融入其中，又抽離於外。這種創作手感實在太美妙了，以致於剩餘的高中時光裡，我經常將這個小魔法盒帶在身上，仔細打量生活中的各種景象。從此我的世界多了一扇窗戶，帶著有趣視角的窗戶。

到了大學，我的設備升級為單眼底片機，從而開始學習曝光、構圖等攝影知識，也經常為系上活動拍照紀錄。大四時，班上有一位優秀的林瑞昌(Domingo)同學擔任地方雜誌記者，採訪因 921 地震而前來學校義演的雲門舞集，理所當然，我擔任了他的臨時攝影記者，幸運拍攝到林懷民先生的專訪照片。順帶一提，這位同學後來功成名就，目前是台灣一家知名旅行社的創辦人，還經常受邀上電視倡訴他的旅遊情懷。

就這樣，我一直活在這個『我很會拍照』的美好世界，經常拿著照片給朋友『欣賞』，而且這份美好應該會一直持續才對吧，不是嗎？多年後，我興高采烈捧著一疊照片給一位長輩翻看，他說出的竟不是我習慣聽到的讚美，而是皺著眉說『不好看！』。這就像對胖虎說他唱歌像殺豬，對靜香說放過妳手上的小提琴吧！然而這種殘酷的真相才是成長的良藥。

　　我認真思考，我原來一直都自我感覺良好，活在別人客套的好聽話中。就像小孩拿著稚嫩的塗鴉向大人炫耀，聽到的都是『你好棒』『好漂亮喔』。回想起來，大學時受邀拍攝照片，只是因為單眼相機當時並不普及。我功夫根本還不到家！我犯的毛病就是對自己太寬容。初學時給自己多點信心是好事，但若一直寬待自己，是不會進步的。

　　我逐漸養成了挑剔、低調的作風。拍完的東西必須精挑

細選後才能示人，稍不滿意就得大膽捨棄。想追求品質，必須懂得割捨。

因此，要客觀檢視自己的作品是否真的有價值，又缺少一個敢說真話的朋友，那就建議將它放到沒有人認識你的平台上看看人氣，或者用匿名的方式詢問旁人的意見，比如問：這是某人的作品，你覺得怎麼樣？請別害怕聽到殘酷的話，別害怕否定過去的自己。

說到這裡，您可能會覺得疑惑，這不是在講天賦嗎？怎麼會有做得不好被批評的時候？我認為天賦不一定是生來立刻就會，它也是有發展期的，可能比較快，也可能綿長。如果一項才能在還不成熟時受到挫折，我還是勇敢面對，勇敢改進，直到它變成一棵大樹，那也是天賦，因為那是我願意用生命保護、灌溉的。如果這項才能不屬於我，我一受到挫折就輕易放棄了。

股神巴菲特的兒子彼得巴菲特是一位出色的音樂家，他提出了一個很好的觀點：真正屬於你的才能，有可能會比較晚才確立，但是它會一直在你的人生之路上與你相遇，即使你曾經放棄它，它還是會回到你身邊。別急，你會發現它的。

從興趣到收入

在此之前，我拍照純粹是興趣。出社會後，開始有朋友找我幫忙拍婚禮並給予酬勞。順帶一提，這也是檢視自己實力的好方法：有人願意花錢請我提供服務，代表這份能力搬得上檯面了。

隨著婚攝案件的增多，我逐漸喜愛人像攝影，並開始樂於捕捉『感情』。新人找攝影師來拍攝婚禮，是希望紀錄這個人生重要階段，但如果能在紀錄景象的同時也紀錄感情，讓新人看到自己與親友的開心與感動，絕對更有價值。為了捕捉人們細小而微妙的神情，我開始學習預測畫

面，像獵人一樣等待各種可能出現好畫面的時機。一開始失敗的照片也是很多的，但後來成功率越來越高，甚至回頭看多年前覺得滿意的照片都會覺得『蛤？我怎麼會選那些照片？』

案子接久了，開始希望交給新人的成品看起來更精緻，因此我學著使用排版軟體設計光碟封面與寫真書。雖然我的排版不算優秀，但排版的基本概念非常實用，這種對畫面平衡的控制，也與攝影的構圖概念相呼應，而且在後來影片製作上也派上用場。

除了婚禮之外，我也嘗試接各類案件，包括食物、產品、活動、建案等。後來發現，攝影給我的成就感遠遠勝過正職工作。幾經思考，終於辭去正職，將更多的生命投入攝影。『砍掉重練』真的需要很大的勇氣。從小到大我一直習慣當個乖寶寶，在體制下聽話順服地生活，因此面

對這樣的轉變，一開始心中極不踏實。但人生就是這樣，總是要有冒險，更何況是帶著自己的天賦，值得！離開那座體制大廈後的人生，確實也更加豐富多采了。因為這樣跳脫常規，我才得以遠赴福州、吉林、東京，在外貿協會商展中擔任活動攝影，也曾經在某知名政治人物競選總部擔任特約攝影，後來還在高雄市勞工局職訓所擔任過攝影課程講師。

擔任義工不馬虎

　　在此同時，我接觸了一個人數眾多的團體。只要有人，就有活動。我默默當起攝影義工，並且嘗試拍攝屬於自己風格的照片。每次的活動，都是練習的好機會。在這些練習中，我加強了人像的掌握，拍攝人們專注忘我的表情。一般人拍攝活動通常拍攝人數眾多的場面，還有場地的樣子。這樣固然沒錯，但如果看到什麼就直接拍攝起來，那只是普通紀錄。若是經過觀察、思考、設計，拍出來的是感受，是記憶，是美。

　　這個團體有許多課程，每期結束後都會需要大家聚在

一起看照片回顧。也是在這樣的機緣下，我第一次嘗試將照片串成影片。後來慢慢進化為拍攝影片，甚至加上人物訪問，因此收音、字幕、轉場等技能都慢慢習得。至於我如何開始拍攝影片，就要從某次的接案說起了。

2-4

挑戰更深廣的層次

　　為了多接一些攝影工作，我找上某個接案平台，誤打誤撞接觸到一份高山攝影案件。原以為是拍照，與案主通過話才知道是錄製影片。儘管我對影片一無所知，還是憑著一股衝勁，毅然接下這份工作。就像陳金鋒先生說的：『球來就打』。後來得知案主竟是生態界大名鼎鼎的金獎導演詹家龍先生。他拍攝過許多國家級紀錄片，是國內外生態攝影大獎的常客。那次的任務是拍攝台灣各生態廊道的紀錄片。與詹導演見面詳談後，我立刻答應參與隔天的能高縱走行程，匆匆回家打理行李，當晚就一起前往登山

口。接下來便是一連串的人生新體驗。我背著沉甸甸的行李踏上能高群峰、雪山等多座台灣百岳，在覆滿白雪的雪山頂操作空拍機，探訪空靈神秘的棲蘭神木園、鴛鴦湖自然生態保育區，也趕上 2016 年的霸王寒流，登上合歡北峰。這些任務，除了增加了幾筆閱歷之外，也令我充分體驗幕後製作的辛苦。

影片拍攝上，起初我以為影片就是拍照的延伸而已，但儘管錄影與拍照都需要構圖與曝光知識，實際操作起來卻是不同的層次。拍照大抵只需要空間布局，而錄影除了空間還必須要掌握時間，那是更深更廣的操作思維。簡言之，拍照是 3D，錄影是 4D。而這些操作，在嚴寒或酷暑的環境下更難實現。

2-5

從被動變主動

　　我當時還是生手，只能協助拍攝次要畫面，但這片未知的人生新大陸，讓我的神經再次活絡了。為了搞懂各種相關知識，我持續透過網路自修，吸收各種拍攝手法、後製剪輯、器材知識等，也順道養成了自主學習並解決問題的習慣，這是以前的我不可能做到的。以前當員工時，工作心態非常消極，不懂得承擔責任，下班時間一到就只想走人，公司有什麼突發狀況明天再解決就好。但自己接案時，我不但要對案主負責，更要對自己負責，甚至在細節上要求到比案主還多。我從被動變成主動，從懶得學習變成什麼都想懂。我覺得這才叫活著。

多嘗試解決問題

　　另外值得一提的是，由於錄影需要的器材種類繁多，上網搜尋時經常會發現一些 DIY 自製的方法。為了省錢便開始動手做起來，並一步步改良，使器材更合用。做著做著，我變得很會修理與改造，包括家具水電，東西壞了就想拆開看看，找出問題，弄懂原理後，大多都能搞定。我漸漸養成一種信心，遇到新的難題，我都想著：『試試看就知道』，動手摸索了一下，搞懂了，才發現『沒有想像中那麼難』。人生中大部份的難題都是這樣，困難常常是自己想像出來的。當你了解其中的原理，困難與恐懼就消失了，剩下的，就是執行與完成。

影片競賽新體驗

　　隨著持續的練習，我漸漸了解怎麼把運鏡做得滑順，怎麼設定影片拍攝的相機參數，怎麼收音，總之就是一些攝影師該懂的基本技術。

　　後來我又面臨一個瓶頸：有技術不代表拍得出好影片。過去電影技術還不好時，還是有經典的好電影，而隨著技術進步，花大錢做出特效的大爛片也是所在多有。一個影片的核心不在技術，在於劇本。這才是我下一個要追求的。

　　2018 年，我迎來一個人生的重大里程碑。我生命中的大貴人林有輝教練某天聯絡我，說他介紹我為某個地方農

會拍攝一個政策推行的宣傳影片，影片最終會與各地農會進行內部競賽。當時我感到非常興奮，雖然有些許壓力，還是摩拳擦掌接受了。這是上天安排的磨練機會，怎麼能輕易放過呢？

　　接下任務之後我開始思考：既然要參加競賽，那就加把勁，看能否拿個名次吧。想拿名次，就得打破我的舊模式，做些突破才行。如同前面說的：一個好的影片必須先有好的劇本，因此我反覆閱讀簡章中的評分標準，花了大量時間構思，並參考許多經典的廣告，許多想法便逐漸成形了。最終提出構想時，農會欣然接受了，並修改成他們可執行的劇本，接著該農會便動員家政班與當地農夫、農婦配合演出，我也是第一次當導演。就這樣，我第一次想腳本，第一次玩戲劇，甚至自己錄旁白，幾乎每件事都是新嘗試。不管成果如何，這次執行的過程已經讓我收穫滿滿了。

　　我剪輯影片頗為謹慎，因此反覆看了無數次，終於在期限當天交稿，鬆了一口氣。一段時間後農會通知我，影片通過第一階段初選了。我心想：皇天不負苦心人，努力會有回報的！能作到這樣我就心滿意足了，若是能得到一個佳作就更好了。殊不知又過一段時間，決賽結果公佈，這支影片竟然得到『特優』。

覺察、思考、行動

一路走來，我認為最大的收穫就是：有了自己的思考。我曾經是個隨波逐流，人云亦云的無腦人。求學時，學校教什麼我就記什麼，雖然成績不錯，但非常缺乏反思或創作的能力。第一次打破常規，是在澳洲求學階段。那次寫的是一份文獻回顧，我起初還是一如既往，找了一堆文獻，描述甲學者說了什麼，乙、丙、丁學者又說了什麼，不著邊際輕描淡寫而已。某天深夜我突然醒悟，這種方法對自己或對別人都毫無建樹，純粹是在混學歷而已。相較於這樣隔靴搔癢的轉述，我應該做的是從中找到一個核心議題，然後比較各家相異甚至對立的意見，最後，也是最重要的，提出自己的看法。但已經寫這麼多了，怎麼辦？沒

關係！錯的東西再多也只是垃圾。況且，思路明確的行動，會事半功倍。果然之後的作業非常順利，最後得到的成績也比以前高很多，甚至老師還在課堂上特別點名讓我向大家介紹這份作業。

但是，人生並沒有就此美好。我並沒有因為這次經驗就完全脫胎換骨。後來在工作上，我還是經常囫圇吞棗，缺乏思考。一直到投入自己的攝影工作，我才真正像一個人。到現在，我有時會自省：我是不是走入了不思考的陷阱？我有沒有一再重複老路？我有沒有批判自己的勇氣？

留一些時間給自己，思考之後再行動，會有意外的驚喜。

人生沒有標準答案

很喜歡數學中[解法不唯一]的題目。我認為人生也是這樣，不應該有所謂的標準答案，否則這世界就太平面而蒼白了。人生道路的走法並不唯一，我選擇走上天賦之路，當自己的主人。我也要特別感謝我開明的父母，即使我的人生之路走得不合他們的預期，他們還是不加阻止。如果您也找到了自己的天賦，不妨大膽嘗試吧！這樣的人生，會帶您解鎖各種成就，活出意外的精彩。祝福您！

AUTO   ISO **50**   ISO **100**   ISO **200**   ISO **400**   ISO **800**   ISO **1600**   ISO **320**

PART-3

甜點烘焙師

螞蟻/Elly

邀請您與作者群建立更密切的關係

3-1

飾品製作與美髮設計

　　學生時代還不清楚自己未來的方向，只知道自己很喜歡需要大量手作的手工藝，所以高職的時候選擇了「飾品製作科」，在學校會學習金工、素描、編織、縫紉、飾品設計......等等。但是當時家裡的人大都很反對或不看好，覺得學那個飾品製作的市場在哪裡？客群在哪裡？有誰會買？賺得到多少錢？

　　我們現在在網路上會看到很多相關廣告，知道手作設計的相關產品或各種工藝品手作 DIY 課程都很受歡迎、很有市場，大家都喜歡擁有獨一無二的飾品；很多手作市集

也吸引人潮和固定的常客、愛好者。但是長輩都是以過去的經驗和自己生活圈的消費習慣在思考，他們不知道市場和客群在哪裡、商機在哪裡，就會覺得你學那個沒有用、沒出路。

高職的時候學得比較廣泛但是不深入，畢業後還是要看每個人想朝哪方面發展。剛好那時候有台北的髮型設計公司來校園徵才，我也想離開熟悉的環境，於是抱著離家出去闖闖的心情，就從彰化跑到台北工作了。

應該很多年輕人都是這樣吧，填志願或選工作的時候，有時候為了一些大人覺得莫名其妙的理由，或剛好有機緣出現，就成了人生路上的插曲。

就這樣，高中也不是讀美髮，但是因為想來台北、想離開家裡（彰化），初生之犢不畏虎，單槍匹馬北上成為

現在說的「北漂族」。

剛開始前幾個月是：YEAH！我終於可以離開家裡了！再三個月你會想家。再過大概幾個月後，其實就還好，開始習慣了。

我在美髮工作三年半的時間。一開始就很認真學習，也學得很快，離職前已經是準設計師。很多人會覺得扼腕，都已經要成為正式的設計師了為什麼要離職，不是很可惜嗎？而且之前那些努力豈不是浪費了嗎？尤其我奶奶，現在還會問我要不要回到美髮業工作。奶奶以前就是從事美髮，而且自己開店。

會離開的原因，是自己覺得不適合那樣的高壓環境。

會覺得壓力很大，可能因為當時店裡的客群都是貴婦

居多，很多客人都特別講究細節，畢竟「髮型」是一個人的門面，可能長度插了零點幾公分都會有人很介意。除了技術，還有接待過程的細節，如果應對不夠細膩，可能就會被客訴。

我在第二年下旬就發現自己不適合那樣的職場環境；但還是再努力堅持了一年半。所以離開的時候是很清楚自己的決定。

這都已經不是錢多錢少的問題；不適合的工作，錢再多也無法勉強。

可能那時候也看到很多不快樂的有錢人吧，知道收入不等於快樂。

當時的收穫主要是培養出對美感的敏銳度，知道高端

客群喜歡的美感是什麼，體會時尚流行的變化風向。

再來就是跟人互動的能力。

在服務業通常遇到客人的應對，只要是熟客就會跟客人聊天。

幫客人洗頭的時候，設計師就會說你要還要洗多久。因為會一邊工作一邊跟客人從頭聊到尾，客人也跟你講得很開心，所以越來越習慣跟客人聊天。

很多人每次剪髮改變造型也是為了轉換心情，就會聊特別多。所以有些客人後來也變成朋友。

我高中以前其實不太會跟別人講那麼多話，甚至看到陌生人會有點怕、會變得很安靜。所以我覺得自己會讓人

覺得很好聊，也是那時候訓練的。

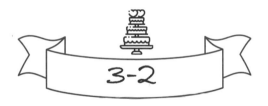

阿嬤烤餅乾帶來靈感

如前所述，我在學校的學習跟烘培沒有相關，高職畢業因為家裡經濟因素沒有念大學，先選擇工作賺錢。出社會的時候剛開始是做美髮，在內湖工作了三年半。但那畢竟不是適合我的行業，一方面覺得心累，而且台北生活開銷太大。回中部休息時，無意間看到阿嬤在烤餅乾，感覺好像很好玩，想說不然我也來試看看好了。

所以後來只要說到關於我烘焙的「天賦開關」如何會打開，就是因為剛好看阿嬤在做餅乾，當下覺得好玩，觸動自己也想來做看看。這樣說來阿嬤是我的貴人。可是到現在她都還會叨念著要我回去作美髮，哈哈。

那時候流行爆漿起司塔，我就先從網路上找看看怎麼做，就開始去買材料開始做，從最簡單的開始。現在有網路，找資料和學習真的非常方便。

就在網路上找到很多食譜和作法，從其中看起來最簡單的蛋撻種類開始做，反正就是抱著覺得好玩的心情也沒有壓力，做好之後就拍照放上臉書，然後朋友的反應就是：「哇！你好厲害！」......之類的，會很有成就感，就開始引起我對烘焙的興趣，就這樣開始慢慢嘗試各種作品。

所以當天賦的開關被打開，好像就是有些奇妙的助力和機緣，不由自主就開始投入，也不會覺得辛苦或麻煩，一路上自己主動找方法找資源，......然後被別人看見和受到肯定或鼓勵。

當時就是覺得好玩啊，彷彿在玩遊戲的心情，沒想到

大家都覺得很厲害跑來讚美，說看起來很好吃、好想吃吃看。心情受到鼓舞，忍不住就繼續前進，而且想嘗試更多更複雜的作品。

　　一方面可能有過飾品製作的經驗，對繁複的手工製作程序相當習以為常，不會望之卻步；加上也曾有過美髮設計的訓練，一些很細膩的要求都作過，所以不會把烘焙看得很困難。跟一些金工飾品相比，甜點的體積大很多。

　　作烘焙的壓力也不像美髮設計那樣，當下一失誤就可能被客人或店長罵一頓之類的。烘焙的過程自己可以反覆摸索和修正、改良，等到成品自己覺得滿意之後再呈現出去。

　　同樣會有成就感，但是烘焙帶來的共鳴和傳遞再人與人之間的幸福感，讓我更有動力持續下去。

面對收入減少的壓力

　　我剛從美髮業離開時，做完烘培就會把照片 PO 在網路上，有加我好友的人，常常看我在上面 PO 照片，久而久之對我的印象就是你的正職就是甜點師，他們不知道其實我還有一份正職。

　　當時因為心思都在作烘焙，一開始找工作的時候沒有多想，就是覺得有就好，我只是要賺生活費，然後可以專心研究烘焙。

烘焙的事業起步，是在我自己出於興趣做甜點之後大概第二年吧，就會有朋友說，欸，很多人想吃欸，你可以開始接單啊！我才開始做接單的動作。其實到現在也沒有完全靠烘焙事業生活，只是多少可以補貼一些生活費。

曾經在過年期間，遇到一個親戚，小我一歲，現在在當護理師。我家人就說你現在幾歲了還在超市工作，錢賺得比別人少，想開創自己事業是要投多少錢才可能成功啊？意思是說你做甜點也賺不了什麼錢。

那時候我在超市蔬果部打工，跟人家比薪資當然比不過。她一個月七萬塊，已經是我兩三個月的薪水。

但是我有看到那位護理師親戚的動態，發覺她不開心。譬如她會寫說好想趕快下班，或是說每天要面對那些病人的不愉快和壓力。

我在蔬果部工作的薪資雖然少，生活卻是開心的，也可以利用在蔬果部的工作經驗，讓自己更能判斷蔬果新鮮不新鮮，增加對食材的掌握。

中秋節是烘焙的旺季，收入會好一點。

但是遇到中秋節要做月餅，恰好超市工作也是忙碌的時候，必須要上整天班，接單的月餅只能利用下班之後做到半夜，隔天早上七點還要去上班。生活很累但是收到訂單的錢感覺很開心。

去年八百顆月餅自己完成；前年我爸還有來幫我，到了去年就都自己做，不過曾請我弟來幫我折包裝用的盒子，不然真是忙不過來。

爸媽的意思並沒有很支持我創業，曾經跟我說趕快換工作，你已經幾歲了，以後怎麼辦。但我自己選擇工作的重點是我要有時間精神可以投入烘焙。

我覺得烘焙做得好一定是可以生活的。

舉例來說，看看不二家的蛋黃酥，光是賣蛋黃酥就大排長龍，排隊排到可能超過兩三個紅綠燈，而且代購費超高。

不過我沒有跟風做蛋黃酥，因為我媽媽吃素。而且近幾年吃素的人也越來越多，我想做素的就好，素的甜點也會有市場的。

透過專業分析確認天賦

在選擇人生方向的時候難免會因為顧慮和壓力，而一再進行確認。

後來我也找朋友作過天賦諮詢，確認自己有「甜點」天賦。天賦諮詢的朋友還用希塔療癒幫我調整潛意識中負向的能量，當她清理完之後，能量就有轉變，我覺得很奇妙。

例如某一次跟同事發生爭執，跟她聊過，請她幫我清理完負能量之後，我就可以平靜的傳道歉文給同事。

我原本前一天就要傳，但是很緊張很焦慮。清埋能量後，就覺得其實沒有需要那麼焦慮，心情就平靜了。

天賦諮詢師說，我的人類圖有一個通道，不但愛吃甜食而且也擅長做，還有一條通道擅長表達，以後適合當講師教學。

人類圖顯示我是會表達的，而且想法會跟一般世俗想的不太一樣，會有自己的創意或點子，或是有時候會突然有個靈感跑下來。我是人類圖的「一分人」，如果通道全部都有接通、天賦有發揮出來，是會成功的。

我的「溝通表達能力」是在從事美髮工作期間訓練起來的，原來可以對將來分享專業有幫助，可見所有的經驗都不會白費。

只是自己還不夠有自信;例如之前有人想自己做蛋糕送朋友,問我:「可以去你家請你教我怎麼做嗎?」

那時我還是會猶豫,覺得外面有那麼多厲害的老師在教學,我可以嗎?

現在決定要好好發展天賦,就知道不能畫地自限,有機緣就盡量嘗試看看。

還有就是兼職的工作會開始更有自覺的找烘焙相關的工作,無論內場外場,都要學習,對自己的烘焙事業才會更有幫助。

如何從興趣到接單

有些朋友會問我是怎麼開始從興趣轉收入的。

其實我每次做完的成品，就會請同事試吃，問他們會不會太甜，口感如何，我再調整。剛開始只有我們部門知道我會做甜點，漸漸的傳到我們公司有更多同事知道，甚至會跟我買。

除了請親友、同事試吃，覺得味道不錯有買氣，我再拿出來賣；也會有人主動問說，你某個商品怎麼賣？要怎麼訂購？然後開始幫我推薦給親友。

像我之前做的中秋月餅，是彩虹的顏色，那時還沒想說要賣；我才把照片 PO 上去，我爸就說等下一定會有人想要買。結果放上去之後，真的就有人問我怎麼賣，我才開始計算它的成本，計算該怎麼訂價。

　　接單有時候會遇到顧客跟我反應口味，例如甜度的問題。

　　剛開始我很鑽牛角尖，那個人跟我講這個問題，另外一個人又講那個問題，就會覺得我要怎麼改改改，改到後來變得好像怎麼調整都不對。

　　後來我爸跟我說，如果五個人裡面，有三個人反應太甜，或是如果五個人裡面，四個人說太甜，你才需要改。如果只有一兩個人說太甜，其他人都覺得剛好，那就不用迎合每一個人。

　　之後我就不會那麼缺乏信心，以為一個人說不好吃就真的不好吃了，而是去找出一個多數人都會喜歡的平衡點。

　　就像有一個已經固定在接受訂購的商品，過年回去時帶給親戚吃，有幾位跟我說好甜；我想說跟我訂購的客人都跟我說甜度剛好呀？某天靈感一來，我就加了一點鹽巴進去，再吃的時候好像就比較沒有那麼甜。我再給同事試吃，同事說，你不說你有加鹽巴我吃不出來，但是口味就比較沒有那麼甜了呢。

　　當時靈光一閃我就想到試著加一點鹽巴中和甜味，沒想到奏效了，口味變得更均衡。

　　就這樣邊嘗試邊分享，訂購的朋友再回購或幫忙推薦，開始有累積一些客戶。

有人就是默默看我的分享，從單純做興趣到看我開始接單，一開始可能沒買，後來我有再做他感興趣的商品，他就訂購了。

有些事情我覺得就是一步一步慢慢的去完成。像剛開始去上丙級課程，我也是裡面最年輕的。那時候去上課還有遇到完全不會烘焙的，完全沒有接觸過就要去考試。進入烘焙領域，每個人有各自的機緣。

愛玩新點子愛實驗

甜點師經常會嘗試做新的東西，尤其我的臉書很多做烘培的朋友，每次看到他們又在做新的嘗試，我就會覺得自己怎麼都沒有新產品，就會想要再嘗試看看。

某次過年後做的一批杏仁酥，就有客人反應說怎麼這次吃起來會不一樣。但是我並沒有改變配方，怎麼會這樣子，我也不是很明白。於是後來我就去烘培社團詢問大家的意見，因為我會很想知道原因。烘焙社團很多前輩，大家會交流一些圈子裡的人、有在做烘焙的人才會懂的細節；釐清之後，我才知道是因為自己自作聰明，多加了一個步驟，雖然配方沒變，但是口感就不一樣了。

烘焙的過程很像在實驗室做科學實驗，材料的比例、每個步驟，包含環境溫度和濕度等等，都會影響成品。

通常製作一樣新的項目，第一次會照著網路上的配方，之後如果覺得太甜，會減糖看看，或是有的甜點我會加一點鹽巴中和甜味。我自己不是很喜歡吃太甜，我自己吃如果覺得口味不錯，會再拿去請其他同事吃看看，大多數的人都覺得這樣的口味適中，我就製做這個調整好配方的商品。

有時候會試著混合兩個配方來創作出新商品。譬如說草莓蛋糕，蛋糕體是 A 配方，而裡面的卡士達醬是 B 配方，我會把兩個配方加以組合在一起看看。

經驗都是累積而來。
像當初做月餅也是遇到很多狀況。

我的芋頭餡和紅豆餡是自己做的，因為外面賣現成的餡料太甜，我就自己做。例如芋頭餡，剛開始不知道水分沒有抽乾比較不能久放，又沒有寄冷凍，過程中就容易變質壞掉。

　　所以那次失敗經驗是，我把成品寄給訂購的同事，不知道應該要冷凍寄送，同事收到的時候東西就壞掉了，變成要全部重做。那次經驗才學到要冷凍寄送。

　　我爸是廚師，他知道了就教我芋頭要放進烤箱把水分抽乾。像這樣的眉眉角角，不知道的時候會誤事；知道了就變成小事和常識。

　　後來有朋友反應，月餅的紅豆餡感覺口感偏乾。我就去問有經驗的朋友，他說因為你把水分抽乾，吃起來一定沒有外面那麼濕潤，而且外面餡料的油加了非常非常多。

而我的做法是盡量少油又少糖，所以習慣重油重甜的人可能會覺得沒那麼順口。

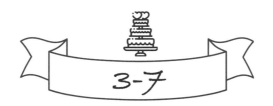

參觀烘焙展尋寶趣

烘焙展是愛好甜點族群的朝聖時間。

像我兩三年前自己去烘培展，就在裡面從開門一直待到關門，朋友說你怎麼可以逛這麼久啊！我就說我也不知道啊，我就在裡面晃，看一些老師示範，看人家的機器設備怎麼製作出商品，各式各樣令我嘆為觀止……，就一直逛到人家展覽場地要休息了才走出來。

記得那時候我覺得很多的機器很好玩，還有雪 Q 餅看起來也不難。可惜機器設備的價格我買不下手。後來聽買

了設備的朋友說，他從中秋節開始陸陸續續訂單已經賺了十幾萬，投資好的設備真的很重要也很划算。

或許我當時就只有顧慮到購買設備的成本很高，沒有看到後續可以從商品再把錢賺回來。但是「量力而為」也是很重要的。

每次靠近烘焙展就會有一種氛圍，烘焙展期間大家都很興奮的在分享資訊。臉書上會被烘友洗版說，我在烘培展，我在烘培展，就很期待自己要去參觀的日子趕快到來。

因為路途遙遠，加上機會難得，去烘焙展我一定會提早到。烘焙展十點開門，我九點半就到門口了。通常門口已經大排長龍，而且每個人都還扛個二十吋的行李箱。

我坐高鐵上台北的時候，就看到很多同好帶著二十吋

行李箱，跟我一樣往南港展覽館的方向，因為都是帶著行李箱要去大肆採買。

烘焙展是大家瘋狂採購的慶典，因為東西都會賣得比平常便宜。

但是也不能因為便宜就買太多，因為食材要趁新鮮使用，所以不能看到好材料有優惠很便宜就失心瘋，要計算自己的用量才下手購買。

例如有位烘友一次買了十五包麵粉、八條奶油，兩個不便宜的可麗露的模子。材料的部分可能有幫朋友代購，一部分自己使用。因為她的客群都是科技業，還有貴婦族群，所以她的成本可以抓得比較高，採購的時候看她眼不眨氣不喘非常阿莎力。

　　當然如果購買的量很大，可以不用自己扛，可以請廠商寄送，或自己拿到附近的便利商店託運。

　　但是自己接單的量不大、或是烘焙是個人興趣的烘友，通常還是會自己扛，省運費。

　　烘焙展有很多美食可以試吃，所以只要是喜歡甜點的一般民眾都可以參加。

取得丙級烘焙證照

烘焙開店要先取得烘焙證照和營業登記。

我已經通過考試，取得丙級烘焙證照了。但是通過之前其實是一波三折。

當我對烘焙開始感興趣，開始考慮去考烘焙證照的時候，在經濟上我還沒有多餘的錢可以去繳課程學費和考試的費用。我又不想跟家裡開口，因為覺得他們不支持我走烘焙的路，勉強他們出相關的錢或先跟他們借錢去上課考試，感覺很牴觸。所以考照的事就一直擱在心裡。

後來財務改造教練有輝知道我的情況，就決定支持我走天賦道路。我終於可以放心去報名上課、考照。

老師在第一天上課就說：「我教的會跟課本完全不一樣，只要上課專心聽，回去有練習，保證過照率很高的。」

我是在公會考。聽說在學校考的話，學生很容易過，社會人士過照率就較低。而在公會考，社會人士過照率就高。所以如果有讀者朋友想考照可以參考。

上課的時候助教問說有沒有人考照是想創業的？沒想到全班只有我和另一個人舉手。助教又問說，要證照的人舉手，全班都舉手。沒想到想創業的比例這麼低。可見創業真的不容易。

考試前大家還流傳各種考試「撇步」，例如有人說同

一場的烤溫都一樣，做法都一樣，忘記就偷看旁邊的人的烤溫，偷講話也沒關係，不要太離譜就好。考試有標準，照標準打分數，只要東西做出來及格，過程通常不會太刁難。

不要聽信這些說法！因為旁邊的人學的做法和烤溫可能和你是不一樣的！一定要好好準備充分，不要心存僥倖啊！

考試內容是用抽籤的。我第二次參加考試太緊張，很怕考不過，每天不斷練習不斷練習，讓自己過度疲勞，中間還要趕中秋節月餅的訂單，壓力很大很焦慮，影響考試的表現。而且我抽到的考題是所謂的「大魔王」，我太緊張提早出爐，裡面還太軟，製作的時候中間就裂開了；因為這樣的失誤，考試就沒有通過。

第一次考試因為時間衝突無法參加，第二次又因為太緊張而表現失常。好不容易等到再去考試，我提醒自己不要太焦慮，不要急就對了。這一次終於順利通過，我也鬆了一口氣。

　　以烘焙創業來說，拿到證照就像是拿到入場券。當然也象徵著努力的成果。

烘焙之外的創業技能

剛開始創業，一方面的考量是我要賣什麼產品，一方面是訂單在哪裡，誰來買。當產品有了，客人有了，才會有更多其他的思考。

我的產品是走比較精緻的手工製作，量大的話，也要開始有人幫忙，不然一個人會做不來。

丙級考試通過以後，朋友會跟我開玩笑說，螞蟻你趕快去開店，我們當股東。說歸說，到目前為止，每個人都負責吃而已，沒有真的跳下來一起做。現在也是我自己去

材料行採購、自己備料到完成。還有接單,也是自己要聯繫和記錄;製作完要包裝、要寄送。

很多朋友會給我建議,有各式各樣的行銷方式等等。但是我沒有想過去做這麼多擴大事業的方法,只有想過嘗試網路接單;之前也沒有自己的網路專頁,只有在個人臉書分享作品照片,朋友看了就留言要買;所以是後來才開始建立自己的粉絲專頁,在更之後才認真去印製了名片。

至於我那些甜點照片的攝影,都是我自己拍的,因為我自己對攝影也有興趣,就乾脆自己學攝影,不假手他人。

有朋友覺得我的商品照片看起來還滿專業的。因為各種經驗的累績吧,從學飾品製作和美髮造型設計……長期培養下來的美感經驗,除了商品本身的品相要好看,我也會注意拍攝的時候如何擺盤、要不要添加一些元素裝飾布

置，攝影時候的燈光、角度，都會影響呈現出來的效果。

出貨的時候要包裝，包裝也是一種講究，因為造型美美的商品，總不能裝在醜醜的盒子裡。雖然預算沒有很多，我還是會盡可能在預算內找到搭配性比較好的包裝，可以凸顯食物的特色和美感。也要減少過度包裝的成本和避免浪費資源......，這些用心都是很需要下功夫和花時間的。

我的產品有一定的回購率。以前美髮的客人看我的臉書，看我做了一些產品看起來吸引人而且口碑也不錯，就開始跟我訂購月餅，或是一些其他地方也買得到的產品例如杏仁瓦片，就特地訂做，要我做整批讓她去送禮。

目前也沒有任何廣告預算，就是靠親友分享的口碑行銷。再來就是推出更好的新產品，讓忠實客戶持續回購的時候可以有更多選擇。

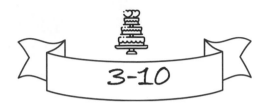

烘焙出療癒和幸福

開始做烘焙因為是興趣，都是自己和家人、朋友吃的，所以就是盡量嘗試，單純興趣好玩，不計成本因為都沒在算。

接單的時候，因為剛開始不知道該如何定價，又都是朋友的訂單，不好意思收太高，只敢比材料費多一點點，但是付出很多的精神、時間和其他隱形成本，其實是很難有利潤。後來就會有朋友說你這樣不行，要調整到合理的價錢。

但是好的東西都是一分錢一分貨，真材實料的東西價格一定不會是「物超所值」而是要「物有所值」，價格反映成本，才有辦法繼續做出優質商品。

目前為止，我接單訂製量最多的是「彩虹月餅」，大家都覺得「哇！怎麼這麼美！」，而且餡料扎實綿密又不會太甜，評價很好，成為很多朋友中秋送禮的選擇。送給親朋好友，看對方打開以後讚嘆的樣子，雙方皆大歡喜。

還有就是我的用料實在，餡料自己做，又沒有人工香料之類的添加物，又少油少糖，吃起來身體無負擔，的確送禮自用兩相宜。而且就算我的預算不能用最頂級的材料，至少也要用健康自然的好食材。因為親朋好友都是我的客人啊。

很多人在形容食物的味道很療癒的時候，都會說「有媽媽的味道」或「有阿嬤的味道」。其實就是「家」和「愛」的味道。因為作給心愛的家人吃的食物，裡面有很多關懷和愛的滋味，會考量家人的健康、營養的均衡、喜歡的口味......。

而且無論是自己一個人、或是和家人、朋友一起，好好吃飯、好好享受美食，就是一種簡單快樂的生活情趣。

從一個人出門在外、忍耐壓力和焦慮的工作環境，回到有家人一起吃飯的地方、充滿阿嬤烤餅乾香噴噴的溫暖味道......。回想起來，當時疲憊的身心就在那一刻得到了撫慰；於是觸動我想用自己的雙手，創造出更多充滿幸福療癒的片刻。

就這樣，在生涯轉彎處，烘焙的香氣、手作的過程、朋友的讚賞和鼓勵......都為我帶來療癒。我投入其中，除了成就感，也感到幸福滿足。

　　看親友、客戶享受我製作的甜點感到開心，或是當我的產品經由送禮的人分享出去，讓更多人品嚐，就創造出更多幸福滿足的片刻。

　　希望這份心意、這份感動，透過我的烘焙不斷不斷傳遞出去，就像彩虹月餅上面層層擴散的彩虹漣漪。

PART-4

財務軍師 翔竣

邀請您與作者群建立更密切的關係

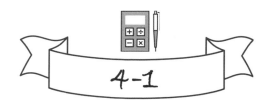

一分機緣九十九分投入

　　我的專業技能主要都是電腦方面，因為從小就使用電腦，後來大學選資訊管理也都要使用各種電腦軟體。

　　我從國小、國中就花很多時間在玩電腦。因為爸爸是車床技師，當年看家庭電腦有逐漸普遍的趨勢，就覺得家裡也要有一台讓大人小孩都開始使用；所以我爸就自己學組裝，組裝好電腦之後再請人教他修電腦，然後就開始了我的電腦人生。

　　小時候用電腦當然玩遊戲居多，但是要使用各種軟體

也不會覺得有壓力，因為每天接觸的東西當然不會怕，就好像遇到新遊戲就想玩玩看好不好玩，再看看自己喜歡什麼，然後就經常使用、越來越得心應手，甚至能夠想到其他方式來靈活運用、加以變化整合等等。

就像廚師遇到新的食材也不怕，因為經驗豐富，對各種烹飪技巧都很熟悉，只要稍微花時間認識食材的特性，就能駕馭掌握，好好發揮食材的特質，是一樣的道理。

就是當你在某方面有了基礎，遇到相關的東西就比較容易上手，比沒有基礎的人學更快。所以後來遇到要學什麼新軟體，好像也比較容易，也可以透過自學就學會一些別人要另外去上課考照的專業軟體。

很多朋友聽到我爸當年一開始接觸電腦就從零開始自己組裝電腦、修理電腦，都很驚訝，覺得我爸很強。現在

想起來真的很幸運，托爸爸的福，能夠比很多同儕更早熟悉電腦的使用。

大家都知道愛迪生的名言是「一分天才，加上九十九分的努力」，有時候天賦也是這樣，「一分機緣，加上九十九分的投入」。

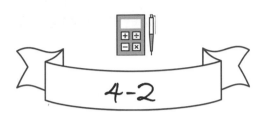

4-2

發揮強項並且加強弱項

　　我是太保人，唸書高中在水上，大學就讀員林中州科大。

　　選校的時候我是用乙級證照去推甄的，同學就跟我說，你有乙級證照為何不去推甄台中較好的學校？因緣際會，我過年期間去找一位師父，師父點了幾個學校讓我選，後來要我去面試的第一個學校剛好是中州，因為錄取了，其他的我就沒有再去面試。

我念資管，剛好銜接以前所學。那時候會計課第一次不小心考滿分，第二次同學就說要坐我旁邊要我罩一下。

高中因為操作電腦實在太熟了，上 OFFICE 文書處理課程，課堂上老師講的，我可以馬上學起來，就可以當老師的助手，在教室走來走去幫忙指導同學。班上當時只有十三個男生，其他都是女生，女生對電腦操作很多都是新手，就會比較需要協助。

學生時代大致上以電腦為主的課程對我來說是相對簡單輕鬆，學一下就會了，還可以教別人怎麼用。所以課外時間會在網路上看看有推出什麼新的運用軟體，如果感興趣的，就想辦法自學。

網路對喜歡自學的人真的很方便，會用網路就可以找到很多資源，看看別人的討論，就算找不到教學影片，也

可以透過別人的討論學到別人的經驗或技巧。遇到問題也可以在網路上和同好討論、交流。

我有很多思考習慣或看事情的分析和整合也都和電腦、網路的使用，和學習資訊管理的邏輯有關。

其他不靠電腦處理的學科我就要比較認真學。

退伍後在報考公職的時候我上課寫筆記會先抄寫在小本子，回去再抄到 A4 上；A4 筆記我會刻意留邊，未來要補充資料的時候就可以補在旁邊。

可能有些人上課筆記只要寫一次就好。這樣寫兩次好像需要一點耐心。

我是覺得自己沒有很聰明，所以要比別人勤勞。然後原本不會的，沒關係啊，多花一點時間一樣能學會。

「留天留地」ーー這是當時經濟學老師教的筆記術；因為上課抄筆記的當下會寫比較快、比較簡略或是字體潦草，回去重新複習的時候再慢慢把筆記寫清楚，一方面補充、整理，一方面加強印象。我覺得很好用，推薦大家需要寫筆記的時候可以試試看。

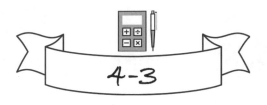

轉換工作更加了解自己

　　我曾經加入直銷，因為那時候我媽有加入消費者直購系統（簡稱 CDM）的會員，我想說那時候剛上大學，時間很多去了解看看也好。

　　我發現，直銷教的很多東西其實很有用，因為直銷是創業的思維，學當自己事業的老闆，除了要了解公司、了解產品、了解制度，還要學經營、學管理、學行銷、學業務……，如果認真學習落實，一輩子無論做什麼工作都可以派上用場。

但是我後來打退堂鼓，是因為帶我的人說，你要找誰拜訪、要思考行程，要這樣那樣的。我不喜歡要太制式作風的方式，所以我就沒繼續了。

我也有短暫當過壽險經紀人，是在退伍之後因為朋友在壽險公司，很積極的找我一起去跑壽險業務。我去工作幾個月，了解保單內容、各種計費方式……，但是除了沒有底薪，還要遊說別人購買各種商品，還是和我不喜歡勉強推銷的個性有所牴觸，所以也沒繼續了。

後來我的工作主要都是和使用電腦的專業技能有關，像我擅長的網頁設計、電腦繪圖等等。

有些是專案類型的工作，就是和業主合作，他們公司或工廠平常沒有請這方面的人才，偶爾因為接案需要，就要找這方面專業的人合作；如果合作順利，可能之後有類

似的案子就都找你合作。

這樣的工作模式當然優缺點都有。

缺點是有時候對方真的不懂你的專業，溝通起來會有障礙，尤其遇到有些人對自己聽不懂的東西特別不放心，給他們的建議他們沒辦法當下判斷，還要到處去詢問確認，很耗時間。

優點是我每次和不同的對象合作就會學到新的東西，或是認識到不同產業和資源，讓我產生很多資源整合的新點子。

我覺得比較可惜的是看到很多擁有資源的人卻無法善用。

或許是當局者迷，或許他們就是每天忙於工作比較無法去接觸新的資訊或接觸其他產業，就會一直只用原本熟悉的方式在做事。或是當遇到有更好的方式出現，當事人卻害怕麻煩或改變。

　　不過「不在其位不謀其政」，旁觀者清的人通常也只能靜觀其變。

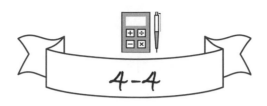

各種狀況都是讓你練功

我曾在鋼構公司、木構公司工作。台東有個知名的木屋，就是我曾工作的木構公司蓋的。在這些公司裡面，我的工作內容主要是繪圖。

例如在鋼構公司工作時，老闆會去量土地回來，然後用 A4 紙畫草稿給我看，我就開始用專業軟體把整個結構設計圖畫出來。

大部分這些行業原本的老師傅不會畫圖。因為學那些加工程序、加工法之類的師傅，對他們來說，畫不畫圖不

重要，怎麼把東西做出來比較重要。

我也待過做溫室工程的公司，在全台灣都有接案子，例如宜蘭也有，最遠做到台東。後來市場競爭，因為太多人蓋溫室，農產品越來愈多，市場價格崩盤，無利可圖了，所以要蓋的人就少了。

當時公司有些人被資遣，雖然裡面只有我會繪圖，但是當市場萎縮、案件太少的情況下，我也就離開了。

還好會一些無法被別人輕易取代的技能是很重要的，讓我找工作一直都很順利。

我覺得在職場最好是具備一些被普遍需要的技能，然後再學一些有前瞻性、未來會被需要的技能。

我是學資訊管理的，對於新技術和環境潮流會保持一定的敏銳度和關心。

工作上會遇到各式各樣的人、事、物，都是在累積經驗、累積眼界和練功。

尤其跨領域整合的工作，願意學習和了解別人怎做事很重要，可以讓自己看清楚事情或技術如何銜接。

我遇過一位老闆，他總是在問完我之後再去問師傅相同的問題，那位師傅是老師傅，結果師傅給他的答案和我都是一樣的。

他要跟他覺得老資格的師傅確認過才能接受我的提案或建議。但其實我已經先了解確認過了才會給提案或建議的。

一般來說，有很多先見之明是你如果先提醒當事人，還會被當成是你在觸霉頭。所以除非是安全或工作上的必要，不然我的個性是，寧願等別人發現有解決問題的需求，主動來問我，我再告訴他。這樣通常溝通會比較容易。

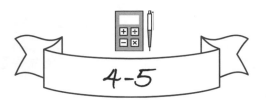

繪圖協助讓概念變實體

我參與過的公司專案裡，做過一隻公共裝置藝術的蝴蝶，三樓高，九米寬。

還有二寮觀景台、台中警察局的屋頂信號高塔，都算是大型工程。當然小型的民間委託設計也不少。

專案過程中都會認識一些廠商，廠商會教我認識不同專業的東西。因為建築結構我會畫，但我不會算，這個部分的專業要再請結構技師去算，因為那是有安全責任的。

繪圖的工作是拆解讓概念如何可以變成實體。

例如蝴蝶的那件作品，老闆只給我一張蝴蝶的平面照片，然後我就要畫出立體結構圖。那隻蝴蝶要五百萬材料費，它是翻模出來的。結構方面它是上下一體，旁邊挖洞，然後放腳進去。這隻蝴蝶作品有去參賽，有得景觀方面的獎項，相關單位的長官隔年直接升職。

這隻鋼構蝴蝶，我記得上班第一天老闆就丟給我這個案子，我也在第一天就把這隻蝴蝶畫完了。繪圖的目的主要是拆解，要思考怎麼把這隻蝴蝶做出來。完成 3D 繪圖很簡單，困難的部分是施工。

老闆本來是要用鑄造，裡面是實心的，成本高，重量又重，要到台中最大的鑄造廠去做；那時候光是蝴蝶的身體就要兩三百萬，我就建議不要做實心的。

我認識一位國翔機械雷射切割的老闆，在他們工程專業的部分，老闆會跟我說要配多厚多少的管，我再改圖。因為這個技術可以做到，所以後來蝴蝶裡面就是空心的。

繪圖先畫雛形，一天就可以做好，結構的細節就要請專業的人跟我說明。尤其大型作品的結構是否穩固很重要，因為有安全上的問題；那次剛好完工之後就有颱風，我們開玩笑說好險沒飛走，因為那公園下面都是民宅。

做專案的過程，因為每天都要去了解進度，相處久了就跟師傅和各廠商都很好。當時作品已經在機台上跑，蝴蝶的翅膀要焊接很久，一個不鏽鋼板切很多片，共有四面，旁邊是扁平的，很耗工法，要兩台天車才吊的起來。中間有開孔，都放玻璃採光用，裡面有設計 LED 燈，晚上會發光，蠻漂亮的。

　　後來老闆讓一個工地主任接手我的工作。因為那時候模具都好了，只剩現場施工了，就在最後進度快完成的時候，功勞全都被拿走。最後我也不想留名在那裡就離職了。

4-6

從數據線索中抽絲剝繭

我個人的特質比較擅長分析。

如果是朋友和我討論的事，我會從對方提供的資訊去看哪裡有問題，有時候我也會跟那個人說該從哪個點去摸索或去找，因為有些我也不一定會。

一些工作之餘的分析推演，我分享在網路上，逐漸有些朋友就看到我這方面的能力，會開始和我討論。

之前分析過的例子，例如超商福袋，根據 DM 上提供的實際數量和禮品項目是什麼，只要把福袋的數量乘以售價，加上那些東西的成本，去網路查成品價，就可以算得出來實際利潤。

那時候試算某一家便利商店的福袋，數量七十萬個，一個兩百九十九元，大獎有三台賓士。依試算表下去算，去查車子、掃地機，行李箱的價錢，廠商大量進貨的話還有折扣，會低於市面價格。

試算方式：

在 2019 年 XX 舉辦一個福袋抽獎的活動

福袋 199 元，共有 70 萬包，可收取金額高達 1 億 3930 萬

以下各以市值來粗估計算成本

頭獎 158 萬*2=316 萬

貳獎 1.59 萬*2=3.18 萬

參獎 1.28 萬

肆獎 1.2 萬*4=4.8 萬

伍獎 12995 元

陸獎 4931*10=49310

柒獎 5975

總計送禮成本市值 332 萬多

若不以銷庫存或能開 N 月票等等的理由

採算 80、20 法則算的話

粗估有 2719 萬的獲利率

PS.這是個人分析，不考量商業機密計算資料等等。當然大公司採購等等的成本，一定會比我所估計的更低。

　　再舉個例子，財務改造教練林有輝的《富人養成計畫》

書中第 96 頁，資金上應該有的分配計畫分類，這個分配表是按照每個人的消費習慣模式去做比例分配的，填表人如若不作假資料，的確是可以從中看出一些端倪的，例如能看出一個人的金錢觀。若是學員的數字時常大起大落那麼財務教練有輝就可以關心一下學員的狀況。

這是以數據分析的角度去關心他人。

像這樣的表格如果長期累積數據資料，運用在協助學員進行財務改造的部分，比如說設計一個 EXCEL 表，讓學員可以填寫每個月的消費，如果當月數字落差太大，EXCEL 就會自動計算和顯示，就可以發現這個學員怎麼這個月開銷這麼大，財務教練就可以主動關心學員的情況，例如資金上是否有需要幫忙的地方、或理財出了什麼問題？

　　這個設計的規則是顯示出填寫人親身經歷的數字出來，如果數字有好轉那是好的，除非做假，不然數字有好轉就是好事，代表財務有成長；反之則是有狀況。

　　雖然單從數字上就可以看出大致的近況，但若當事人不願意說出原因來討論、學習，沒有去面對財務改造所要面對的課題，那麼填表格就會流於形式，變成只是例行公事，達不到財務改造的效果。所以還要搭配當事人的意願，才能如實、積極的邁向財務改造的正向改變。

　　像這樣運用數據分析管理的例子，有了數據，再加個統計來協助，就可以幫一個人看見自己的財務狀況和漏洞在哪裡，提供了下一步行動的參考方向，這就是一個有意義的設計。

　　數據提供線索，讓我們可以去思考數據代表的意義。

用在投資，看股票、算公司的資產負債表，可以看出一些東西，例如公司從哪裡獲利或是從哪裡虧損等等。

用在個人，從數字也可以看出很多端倪，例如一個人的消費習慣；像信用卡刷卡都會幫你分類消費類別，就可以看出使用金錢的習慣。

現在很多企業都在運用雲端大數據，搜集消費者的習慣，這些數據的功能可以做什麼呢？可以知道民眾都把錢花在哪裡。

除了看到消費者的消費習慣，也可以看到他們的健康習慣，譬如花在什麼娛樂上或飲食上等等，就可以推演出未來的產業需求。

所以數據的運用其實可以很深很廣。

成為財務改造教練的軍師

　　2013 年，當我開始對投資理財的領域感興趣的時候，因緣際會認識了財務改造教練林有輝。認識之後，時常在討論某些事情或細節的時候，我都能給上些點子或建議，例如投資計畫的分析、不同投資項目各自的缺陷及風險，包括合約擬定的洞察等等。

　　除了提供個人見解及意見之外，法律的相關知識為重中之重。當有新的投資計畫，我能看出裡面有哪些段落，或是有哪些缺點。加上我之前考公職的時候有學過法律相關的知識，當合約來的時候，我會先看一下內容，確認一

下合約有沒有漏洞，再請對方補足；使得有輝教練都叫我軍師。

對我來說就是透過自己的天賦，協助好朋友這些瑣碎的事情......，建議計畫、合約要如何修改、如何合作，是我在團隊裡的主要角色。朋友願意從內心認同我，把我當成軍師，而對我來說，這只是我能力所及、盡己所能而為的事。

有輝的「財務改造」觀念當中，很重視一個人的天賦自由，所以在認識一段時間之後，有輝協助我了解自己的天賦資源，從這之中釐清了我之前遇到的某些困擾是如何發生的，例如：我創新的點子那麼多，為何都無法受到認同？在公司團隊中提出的點子經常被否決掉？

原來對一般人來說，這些點子太突兀或天馬行空，超

出他們的想像；但是如果放對位置，連結適當的資源，這些點子會讓很多人從中受益。

記得當時我對有輝說：「如果能從你這裡學會改造自己的財富；當你需要幫忙的時候，我的專長就是協助你所用，我剛好擅長分析。」從這刻起，有輝教練就改叫我軍師了。

我問：「那身為軍師要做什麼嗎？」

有輝教練說：「做你自己就好，做自己喜歡的事就好。」

我從以前就有個習慣：因為點子多但也是總會遇到瓶頸，遇到瓶頸時，一開始會先問問周遭適當的人；但是經常幾天過了卻是一個答覆都沒有，只好自己想辦法。為了找答案，使得我在網路上找資訊的能力變強了。也因為這

樣的鍛鍊，讓我自主學習的速度更快、更廣泛。

我認為自己不是知道的多，而是點子特別的多。

我喜歡了解各種事物，但我知道的不深入。深入的部分交給各領域的專家就好；我的興趣是多方了解各方面的知識與資訊，再把這些多元的資訊整合、合併為新的產物或點子。

所以我的天賦就像一個產生連結的資訊處理中心，可以源源不絕地給出多種角度的建議。

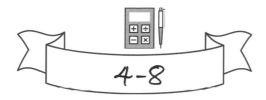

協助評估決策與風險管理

　　財務軍師也好、風險軍師也好，感覺我好像離不開軍師這兩個字。我當財務教練的幫手，就是要看出別人看不到的。

　　關於風險的分析，資訊管理的學習是基礎，出社會後遇到更多事情，把所學套到上面運用。遇到不懂的事就是先觀察、了解，不懂就不多話；當我出聲的時候就是觀察到這個東西有問題的時候。

　　風險管理用在財務上，例如當發現理財方式有漏洞時，就可以趕快補救。

我對於「風險」的定義和一般人稍微不同。

對一般人來說,風險是「機率問題」,是不可控管的,因為行走、行車、行商、行事、行為都有風險,只是這些風險有發生或是沒發生罷了。新聞大小事都離不開這五行。

但是風險對我個人來說,它是一個「確切的存在」,使我無時無刻警惕自己:小到行車安全、行商本份,大到行事分析、行為舉止等等,都保持警惕。

「風險管理」的目的,就是要讓風險是「可避免」也「無須發生」的。所以風險管理的目的是要「化險為夷」——如何把危險化解掉。透過觀察環境,提早覺察,當機立斷。

在 2020 年最流行的說法就是「超前部署」。

以武漢肺炎的疫情為例，除夕夜那天當大部分的人都忙著準備圍爐聚餐，卻有一個董事長默默的把所有的顧客健康安危扛在肩上，那就是雄獅旅遊集團董事長王文傑。

根據報導，那一天早上，主題旅遊部游國珍總經理發現了中國旅遊團除了武漢以外都還在持續出團，而疫情擴散的程度也超出想像，景點區域達 80% 都關閉了，更沒有替代景點可以更換安排，就決定將出發去大陸幾個城市的旅遊團全部取消。

那一夜晚上，董事長王文傑緊急招喚二十多位幹部，召開電話會議成立「武漢緊急事件戰情指揮中心」，並決定一月二十五日起，暫停所有到中國的團。

這個決定是企業大筆收入的消失，要取消三、五千人的團，將會損失二點六億元。這樣重大的決定，可以看出他是如何堅定地想防杜疫情，避免疫情因為旅遊而擴散。

而雄獅在一月二十一日，就宣布暫停旅行團前往武漢，比政府早先一步。當時我也在臉書發表了一些數據與看法，評估後續會產生風險的相關事件。後來也一一印證。

而這些分析難道和個人無關嗎？其實這些事情的發生，都會連動到社會的每一個人，牽動每個人的資產和生活，差別只在於個人覺察了多少。

有敏銳的覺察就可以及早應變，盡可能避開風險的發生，也許就避免了財務的損失或甚至健康和生命方面的危險。

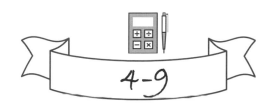

分析市場找到需求點

　　我喜歡多元的學習；一個點出來，就會動腦看哪裡可以連結，如果沒有可以連結的點，那就是發現新的事物了，就會去思考分析出來的數據大概是怎樣。

　　我習慣去思考一件事情的發展趨勢。例如有時候會去思考市場上有沒有創新的一些東西。趨勢是未來獲利所在，如果創新思考的東西已經有人做了，失去先機的人獲利的空間就少了。例如紙本書的市場逐漸轉換成電子書的時候，消費方式會如何改變？

　　以成本來看，如果用付月費或以年計費的方式，讓讀者隨時可以閱讀，是否現行市場已經有這種模式？但是如果架設的平台太多，對出版社成本太高。哪一種類型的閱讀適合這樣的行銷方式？

　　很多年前，在電子書還不普遍的時候，我剛退伍在保險公司上班的時候就思考過，如果設計一個 APP，除了可以看書，可以直接在平板上做記號，在平板上可以寫筆記又可以擦掉、修改，就像是紙本那樣，可以節省很多浪費。還有保險經紀人每次要帶一堆資料讓客戶參考、一堆表格，每次出門帶一大批紙本很沉重；如果公司有寫好的軟體和資料庫、代入程式計算的表單，業務只要帶一台筆電或平板就可以很輕鬆的展現專業。

　　當年我提出的時候，很多人都說太理想化。但是現在每一間保險公司都這樣做了；連學生用平板電腦上課、作

筆記也都已經很普遍了。所以一個能滿足普遍需求的產品，連小朋友也很適用，教材之類的也可以放裡面，跟學校教育整合，方便學習。

創新者的重點是在構思和研發將來市場需要的東西、可以發揮更大價值的東西，而不在於去考慮好不好推廣的問題。設計出來實用而且被需要的東西自然會被市場看見。蘋果電腦剛推出也一直受到批評，但進入市場後很受使用者歡迎。

至於創新影響到既得利益者，可能會受到阻礙的問題，就要朝向「共榮」去思考。就像電動摩托車電池一樣，如果佔有原本市場的廠商願意投資共同研發，讓創新的成果是整個市場共享，就沒有人會抗拒革新。

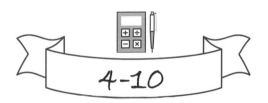

看見潛力發揮更大價值

　　我有一個特質，就是喜歡盡量去看別人看不到的，想別人想不到的。

　　因為旁觀者清，通常透過他人的眼睛才看得出自己的優勢或缺點在哪裡。

　　很多人看不到自己的障礙在哪裡，就會一直停留在原地；或是不知道自己的資源在哪裡，就無法發揮最大的效益。

之前看到一個有潛力的社團，是做藝術品，做小蝴蝶小螃蟹等等，用奇奇怪怪的東西做出一些動物；他會把成品放在門口，有一次經過他家，看到擺了很多隻。

他的作品是自己手做，做好了就放在路口、田裡，還有什麼螃蟹的，造型很可愛。我想跟他合作，建議由我來繪圖，讓他可以拿去申請政府的景觀專案。可惜他拒絕了。他是小企業，不想與人共享。我當然覺得很可惜，因為如果成功了，我就能在景觀界繼續當設計師了。

除了放在門口、田裡，他也會放在社團。我看到他的潛力，覺得這麼可愛的東西，隨便報個計畫出去接案，都會翻個五、六倍回來；他如果能夠接一些 CASE，多好賺，可以開價幾百萬，差別只是做成大型的作品。

我喜歡去發現各種可能性。

去看出人、事、物各種可能的發展。

看人才、看天賦，是去看出價值和潛力，你的專長要如何和別人的需求產生連結、要和誰合作可以放大價值。

學投資和理財，也是要去看出投資標的和資產的價值和潛力，才有可能做價值投資。

有的人很聰明很有才華，卻不懂得資源整合或不願意和別人合作，就會失去很多機會。

很多事情是你不做就會有其他人去做，反正市場在那裡，需求在那裏，願意去做的人就會得到機會、賺到錢。

所以機會不一定是給最優秀的人，而是給願意去做的人和準備好的人。

PART-5

穿著藥師袍的財務教練

有輝

邀請您與作者群建立更密切的關係

5-1

誤以為是束縛的禮物

相信很多和我同世代的朋友，都是在「升學掛帥」的觀念下長大的。我們的求學時代就像現在的流行語彙說的那樣「樸實無華且枯燥」，年復一年為了升學的目標在讀書，沒有機會思考生命的意義和目的。

我生長在南部家庭，父母的期待很簡單也很普遍很常見，就是希望小孩好好讀書好好考試，將來有穩定的工作、穩定的收入、穩定的生活，跟天下大部分父母的期待相同。

當我循規蹈矩、一路乖乖認真讀書考試，直到考上藥學系、成為藥師......，我也曾自問：生命和生活就是這樣了嗎？(相信無論選擇任何行業......眾多的讀者朋友也曾和我一樣，對自己的人生有過類似的疑問與困惑吧。)

直到我經歷過對「樸實無華且枯燥」的上班族生涯的叛逆、經歷過「這是我的人生還是父母為我選擇的人生」的質疑，當我想方設法脫離了藥師上班族的生活，投入追求各種投資收入的管道(分不清楚投資還是投機)......，如同搭乘一列失速的雲霄飛車，衝出了軌道、發生了意外，在金錢和生活甚至身心都跌落谷底的時候，才發現：具有藥師資格、可以找到一份穩定的工作賺取安穩的收入，是讓我在摔落時得以保命的安全帶！

從此我再也不敢狂傲的看輕自己藥師本業這份上班族的工作。

尤其在往後痛定思痛、更深入學習理財之後，發現「工作穩定上班族」的身分是投資理財、甚至創業的重要基礎！

銀行願意讓我辦理信用卡、貸款、進行各種金融活動，朋友樂意找我投資找我合作找我創業......，「長期工作收入穩定」是重要的評估關鍵！

我非常感恩這一切。

驀然回首才發現，「藥師本業」這個安全網原來不是框架與束縛，而是父親透過殷切期許給予我的禮物，當我在朝向財務自由、天賦自由的方向飛翔的時候可以牢牢支撐著我。

我也感謝自己，曾經為了父母的期許而努力；身為藥師，是我備感珍惜且光榮的本業。

　　也因為自己的親身經驗，後來在分享「財務改造」的重要基礎觀念時，我一定會跟大家分享這段心路歷程。請大家在打造健全財富體質、邁向財富自由與天賦自由的路上，珍惜自己的工作、珍惜自己的本業。

5-2
與死亡擦身的領悟

大學畢業不久，我在宜蘭從事藥師工作，某天在租屋處睡覺的時候遭遇火警。當我被喧嘩的人聲驚醒，旁邊的冷氣機已經冒出火焰和濃煙！

當下腦袋無法思考，冷氣機為什麼會起火？！唯一能做的反應是趕緊跳下床跑出房間逃生。

火勢雖然很快撲滅，我剛剛才在睡覺的床已經整個燒得焦黑！

鬼門關前逃過一劫的我看到這個景象，過往人生彷彿跑馬燈，也彷彿是一場夢境，而我恍然從一個渾渾噩噩的

夢中醒來。

生命該何去何從？

怎樣的人生才有意義？

撿回一命我打算怎麼活？

朋友陪著撿回一命的我去拜拜，也帶我去拜訪許多各領域的前輩高人，向他們求教。這些前輩高人看多了生命中的風浪波折，看穿看透了虛浮表象，對生命有他們的洞見體悟，能夠明白我當時在尋找生命方向。

在聆聽這些前輩高人的生命故事、對世事的洞見......，過程中我從他們的眼界和胸懷看到了另一種生命風景，和我過往曾經聽過見過都不同的人生觀。

感恩這些前輩，讓我知道生命可以有不同的選擇。

撿回一命，我珍惜。
珍惜我命，我善用。
善用我命，我獻世。
善用人身，過好人生。

從今而後，我選擇我要過的是「講財、獻世、勸恩、共好」的人生。

很多參加過我的「財務改造」課程的朋友，都好奇我怎麼會在年紀尚輕的時候就早早立了志，有規劃的執行我的人生目標，而且很多心態和角度好像不是年紀輕的人會有的觀念和做法？

就是因為當年驚心動魄的一場火，讓我早早覺悟要善用自己的生命，珍惜人身與人生，盡心盡力的去嘗試和去

實踐自己的生命目標。

生命無常；對自己生命中最重要的事項，與其拖延而悔恨，不如把握當下去實踐。

我願把這個體悟分享給所有的讀者朋友和有緣的學員，無論是對理財和生命目標的實踐，都請把握珍貴的時間，從今天、從現在開始做起。

爬出地獄重新開始

　　我寫的第一本書《富人養成計畫：財務藥師林有輝的四帖財務改造良方》有提到我自己曾經在盲目投資的路上跌的很慘，負債百萬。

　　負債百萬，聽起來輕描淡寫，但身在其中的當時，用「身心俱疲、心力交瘁」都還難以形容。生活上的省吃儉用是一回事；來自父母的失望、親戚朋友的不諒解，是更強大的精神痛苦。

　　錯誤的投資、錯誤的理財，不只自己賠錢了，還因為

喜孜孜對親人朋友「報明牌」，帶著親友一起賠錢了。再親再好的關係，一起投資賺錢的時候很開心，賠錢的時候一樣很難釋懷。

自己賠錢的苦，連累親友賠錢的內疚的苦，面對親友不諒解的苦，沒有人可以訴苦的苦，......這一連串苦上加苦的苦，簡直如同地獄之火。

有些人可能會在這種心力交瘁的情況下輕生。而我很幸運也很感恩的，一邊咬牙撐著，一邊反省、修正自己的理財觀念、投資觀念，朝專業知識深入學習，撐了幾年，終於還清債務並且逐漸翻轉自己的財務狀況，並且有了穩健且多元的主動收入與被動收入。

因為有過如此深刻痛苦、誤闖追求財富誤區的犯錯經驗，我深明「風險管理」的重要性。課程當中我一定會特

別從各種角度切入「風險管理」，因為缺乏風險管理就不會有真正的財富自由，即使坐擁金山銀山也可能轉眼成空。

而這個「跌到谷底再重新爬起來」的寶貴經驗，也是我分享、陪伴學員進行「財務改造」的信心基石。既然我做得到，只要你願意也一定可以！

面對負債，願意面對和承擔的勇氣會支持你前進，甚至為你創造機緣。

當我在痛苦的債務深淵裡奮鬥掙扎，我經常告訴自己，將來當我遠離這樣的痛苦，我希望能幫助其他人遠離這樣的痛苦；只要我能從錯誤理財導致的困境裡脫困，我將有能力協助有類似遭遇的人脫困。

或許是我強烈的決心和實踐的動力，上天讓我有機會學到如何理債減輕還款壓力、如何斜槓兼職增加收入，再加上更謹慎的風險管理和量力而為的投資方式......，這都累積為我日後設計「財務改造」課程內容的實用元素。

　　其實放眼社會，豈止百萬負債可以翻身；千萬負債有人成功翻身，億萬負債也有人成功翻身！正當、積極的態度和實際作為，打造良好的財務體質，跨過眼前的關卡，生命將是柳暗花明又一村！

　　鼓勵各位有心進行「財務改造」的朋友，就算從零開始也不晚－因為「只要開始就不晚」！

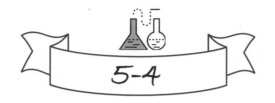

取得證照展現決心

　　我們的體制內教育缺乏「財商教育」這一塊，家庭教育則完全依賴父母本身的財商。有良好財商觀念的父母培養出有財商觀念的小孩，缺乏財商觀念的父母培養出缺乏財商觀念的小孩；良好的財商觀念打造財富體質，錯誤的財商觀念打造貧窮體質；於是經常富有家庭的後代能夠更加富有，貧窮家庭的後代可能更加貧窮，差距越拉越大就難改變。《窮爸爸，富爸爸》主要就是在闡述這樣的情況。

　　生在一個財務觀念相當保守的家庭，我在大學之前其實沒有機會知道社會上原來有那麼多的理財方式、那麼多

金融商品在流通，「財富」是另一個世界才會討論的事。

當父母千叮萬囑子女不要參與投資、創業等等「冒險行為」，認為不去接觸就不會受傷，殊不知「越不了解才越容易受傷」！當孩子長大後面對社會上各式各樣的選擇，就沒有任何判斷的標準，或只是一知半解，反而更容易誤入陷阱、誤入歧途。

以我自己為例，家庭和學校教育都沒有教我如何「理財」，我在大學時期開始因為興趣而學習，因為看到和原本環境不同的世界，多元的經濟活動彷彿流水帶動整個社會的運作，勾起我無比的興趣，讓我想了解、想參與、想學習。

很多朋友好奇，我慾望這麼少，究竟是為什麼這麼熱衷於「管理財富」和「創造財富」？

　　說起來我個人並不是對物質生活有特別的嚮往或講究，長年來我的住所只要有一張單人床一張書桌就足夠，無論收入如何，只要租一個小房間就可以好好生活，吃得簡單也很滿足。

　　這種很難說明清楚「為什麼會這麼喜歡」的自動自發的熱忱、好奇、行動力，或許就是所謂的「天賦」感受吧！這樣的熱忱超乎邏輯、理性、頭腦思考，彷彿有一種深沉的內在動力在推動自己持續前進、精進不輟。

　　而且我不但自己實踐，還樂於分享、樂於推廣、整個樂在其中。

　　非金融或商學院相關科系出身，為了推廣「財務改造」的理念，我甚至千里迢迢前往中國考照，取得理財規劃師的正式資格，一方面是自己的決心，一方面也讓自己往後

在分享和推廣的時候，讓我的朋友、學員、讀者都對我的專業程度更具信心。

　　當然對很多人來說，證照代表的是一定程度的「專業知識」；「專業知識」不一定代表「專業經驗」。特地取得專業證照的我，卻是早已累積多年且多元的各種實作經驗，相信在推廣財務改造的路上，無論專業知識和實作兩方面的心得都將能提供學員和讀者朋友一定程度的啟發。

築夢踏實事務所

林有輝聊理財　房產慎選地段

《富人養成計畫》作者林有輝新書，9日在台中舉行簽書會，他4年前投資理財心法，不到35歲財務自由，特別寫書和民眾分享。

林有輝說，投資房地產是他理財心法中重要的一環，特別在貨幣貶值、通貨膨脹的今天，房產確實可觀、增值。

不過地段和產品也要慎選，如台北市，他買家裡附近捷運站附近公寓，整理後出租，台中市則鎖定逢甲附近套房，每月收租金，成為包租公。

林有輝說，這本書不是教頭資資理財，而是讓民眾養成儲蓄習慣，並健全自己的財商觀念。

他在大學畢業後，曾投資失利，借信用貸款，每月償還款二萬元，後來買房子抵押借款為負，每月還需高達七千元，也為負的資境所苦。

林有輝認為「理財」是要培養儲蓄習慣，加上正確理財觀念，先努力儲蓄累積第一桶金，才能投資致富。

若目前手上已月一筆金錢可供動用，例如50萬元左右，可以開始學習理財觀念；如果多一點，如100萬元，則可以開始出手，不要怕賠錢。

林有輝表示，如果投資時想的是「賺錢」，就會責怕賠錢，但如果執行「收入配置、買房配置、資金放大、多元收入」的其中一項，就能讓理財現況充在積蓄中，不要增加如薪水位。

林有輝說，從事醫療看了許多老年人的現況，發覺身體健康、生活品質與一個人的財富緊密息息相關。

然而醫病可以靠全民健保，但是要醫療都訓必須要年輕、醫檢早，及早養成良好的財商習慣，年老獲財務自由，自然也有好的身體健康與生活品質。

房產名師范世華曾出席演講、《富人養成計畫》作者林有輝曾去在宜蘭開設藥局，曾因投資失敗，負債優鬱心檢視自己的金錢問題，透過財商改造重獲財務自由，之後，因一場大火差點失去生命，於是發願要回饋社會積極助人，才會出書分享，讓讀者可以變得更健康、更富裕。

櫻花孩子王　書香綠樹伴成長

房市景氣回溫，優質個案紛紛傳出捷報，包括與區位的和平鎮小百排、忠明綠園道的的「櫻花孩子王」個案，已熱銷七成，白客搶進。

他說，全區採分棟設計，產品規劃權坪18-49坪、1-4房，單層僅4戶2電梯。

空間最大特色是書房設定為28-30坪大飯房規劃，空間舒適，視野寬廣，且全區平面車位，單純又好住。

公設美觀又實用，如迎賓門廳、圖書閱覽室、菁英交誼廳、健身會館、視聽電影院、沐閱廣場

《富人養成計劃》作者林有輝醫師，9日在台中舉行新書會，不到35歲財務自由，特別寫書和民眾分享

種下善緣必得貴人

　　為了推廣「財務改造」的理念，取得專業「理財規劃師」證照只是一個開始。在考證照的過程中，有緣認識了也是去參加考試，但領域不同的資深專業講師貴人學姊。前去考取心理師證照的貴人學姊不僅是資深的張老師培訓講師，也是許多企業團體、各級公家機關與學校……非常受到喜愛、老少咸宜、有口皆碑的人氣講師。

　　深入對談之後才知道，原來人氣強強滾、東南西北到處受邀講學、猶如拼命三娘般的她，事業的起步是為了幫

家裡還清負債、並籌措父親久病在床的醫療費用,為了扛起重擔讓她卯起來拼命往前衝。

但會賺錢卻不會理財的她,無論賺進多少錢、還清多少錢,總還是會陷入「入不敷出」的窘境,繼續為莫名增加的各種支出賣命工作;雖然她的確熱愛講學工作和與人互動,但也有種「始終不得歇息」的無奈。

知道她的情況後,我為她進行了「財務健檢」,釐清她的各種資產與收支狀況,開出適合她的理債處方。她照我所說的方式重整財務後,原本每月的負現金流就轉為正現金流了。而後是否能繼續朝向財富自由,就看是否能長期落實「財務改造」的基本功。

貴人學姊對我的理財專業大感興趣,邀請我在她的工作室開小班分享,上課後覺得課程內容很實用,又將我介

紹給她在台北的讀書會朋友。為了謹慎起見，我先約她們小班分享，讓她們了解我的個人歷史、分享「財務改造」的初衷、課程內容為何、以及為何要如此設計規劃等等，才開始了彼此合作的「財務改造」公益課程。

從「靈氣雅集」、「EZ SPACE 分享空間」的邀約開始，之後透過種子法則讀書會朋友的口耳相傳、互相推薦，台中、新竹、台北都有我分享「財務改造」課程的足跡。

參加課程的學員中，甚至有許多外地的朋友願意為了學習財務改造，每周開車或通車往返。

於是我就在兼顧藥師本業的情況下，開始了「財務改造」的講師生活。

在南北奔波分享自己用心規劃的「財務改造的十堂課」

的空檔，也為有需要「財務健診」的學員或他們的親友提供專業的財務諮詢。

「財務改造」的分享經由種子法則讀書會的朋友開始，是相當奇妙的緣分。因為我曾經希望自己可以協助財務改造的對象，正是身心靈圈子的朋友─或者說是有進行身心靈方面修行的朋友。因為我觀察到一個現象，就是很多善良又有心奉獻服務社會的朋友都是不懂理財、缺乏財商教育，經常在自己經濟困頓的情況下還在提供社會服務。我覺得如果他們有好的財商觀念、財務平衡且豐盛，就可以更無後顧之憂的行善，創造整個社會豐盛的正向循環。

不是老師而是「教練」

　　在開始分享「財務改造」以前，我就暗自發願、堅定自己的決心，並且設定要以「陪伴五百個家庭完成財務改造、達成財富自由」為目標。

　　立定一個明確具體的目標，就可以在日後進行自我評量、進度檢核，也讓自己時時回顧初衷，不會在漫長的日子裡迷失或偏離。

　　有了努力的方向，在實踐的過程中，還要不斷進行修正。因為很多情況是在實作的過程中才會浮現出來。

我整合自己多年的經驗，整理出其中精華，開始以財務健檢和課程的方式分享。課程提供「財務改造」的整體觀念、實踐方向，可以適用於所有的人；「財務健檢」則針對尋求諮商者個人或家庭的狀況進行個別釐清、找出財務體質和適合的財務改造處方。

台灣人雖然好像很愛上課學習，但我發現大部分的人只是習慣上課聽講，回到生活中卻缺乏實作，自然看不到成效。

為了避免浪費彼此的時間，我會邀請學員進行簡單的功課，每個月做出收入配置和資產配置的簡表，直到養成「財富意識」的習慣，對於自己的金錢能量、金錢水位的進出是有感覺的。

就像一個人如果缺乏「病識感」，即使身心失衡了、生病了也不知道要調養身體或找醫生求助，就可能小病演

變成大病、大病演變成致命。

通常會陷入經濟窘境、金錢能量不足的人，都是對自己的財務體質缺乏病識感，即使感受到金錢匱乏的痛苦，卻不知自己的理財方式哪裡失衡了、該如何重新平衡，即使痛苦卻持續在舊迴圈裡打轉。

當學員逐漸對自己的金錢能量「有感」，主動開始尋求平衡，就像患者開始調整健康的飲食作息生活習慣......來配合治療，治療才會真正有成效；因為促進痊癒的力量其實是在患者自己身上。

當事人的意願和努力是關鍵。所謂「救急不救窮」，「急」是可以改變的狀況，「窮」則是故步自封。我也曾因過度協助他人的債務而使自己失去平衡，從此我嚴守自己的原則底線，不搶別人的功課來做。

「財務改造」的過程就是用「好習慣取代壞習慣」；而「改變習慣」對大部分的人來說，剛開始都不容易，所以我很重視「陪伴」，長期的陪伴對方做功課、討論遇到障礙如何處理，直到養成好習慣⋯⋯，這需要無比的耐心。

一路上會看到許多人進進退退，剛開始也會為對方著急，漸漸我也就放寬心尊重每個人生命進度不同，只要當事人自己不放棄就會逐漸前進。

正因為「長期陪伴」是需要耐心的過程，我對自己推廣「財務改造」的定位不是「老師」而是「教練」。「教練」是會陪在選手旁邊、甚至一起跑、一路上加油打氣的人。

養成財富健康體質

　　世界知名的居家收納整理顧問麻理繪小姐曾說，很多人以為收納整理大概是一種天分，一個人若不是天生很會整理，就是天生很不會整理；然而這是一種迷思，其實不會收納整理是因為沒有機會學習。所以多數人的收納整理方式基本上就是沿用從小在家裡耳濡目染的整理方式。

　　財務管理也是這樣，一般人若非生長在「富爸爸」家庭從小有機會培養財商，通常是遇到經濟狀況混亂的時候才會疑惑自己「為什麼不會理財」。殊不知理財也是需要

學習和練習的。

會賺錢不等於會理財。有些人很會賺錢,但覺得賺錢是一種「運氣」,有時候賺得多有時候賺得少,將來的事很難說;對金錢依然會有不安的感覺。

所以說「財務管理」是一門專業,既然是專業,就有其運作的原理,了解這些原理並且好好落實在生活中,就會有穩定踏實的感受。

財務改造的基本功,要從每個月的「收入配置」和「資產配置」做起。就像每個人每天都能擁有二十四小時的時間,如果妥善做好時間管理,時間拉長了就會看到成效,例如把時間用在練習樂器的可能成為演奏家或音樂教師,用在健身的可能成為健美選手或運動員,用在吃零食看電視的可能會成為沙發馬鈴薯。當每個月的收入做好配置,

從配置的比重就能夠大概知道十年、二十年之後的財富樣貌。

做好基礎的收入配置與資產配置後，進階功課就是在「主動收入」之外持續增加穩定的「被動收入」，一旦擁有「多元收入」的管道，就能在遭遇社會環境變化的時刻分散風險。

以我自己為例，因為物慾較低，每月所需生活費用不高，假設每月所需生活費用是兩萬元，當我投資的穩定被動收入達到每月大於兩萬元的時候，即使失業了也不會影響生活。或當家人亟需我陪伴的時候，我也不必為了工作而感到兩難。

「財務改造的十堂課」裡面我還規劃了節稅、風險管理的單元，讓學員可以學以致用，決不流於紙上談兵。

因為陪伴，我也會觀察學員的進度，有適合的機會就協助他們更上一層樓。

在我看來，無論收入高低，只要做好財務管理，持續累積，有朝一日都可以達到財富自由。

所以「財富自由」並不是終極目標，我總鼓勵大家，不但要財富自由，更要「天賦自由」，而平衡的最佳狀態就是同時擁有「財富自由」和「天賦自由」。

有些學員過去忽略了財務管理，但認真發展天賦；這樣的朋友有機會先走到「天賦自由」並且從天賦獲得收入，只要有好的財務管理自然就能逐漸財富自由。對於這樣的學員，我也會留意適合的機會協助他們創造天賦相關的收入。

推動天賦自由的手

對很多朋友來說，「財務」是生活中「不得不」面對的必修課；但他們的人生志向其實在和金錢無關的地方。雖然財務是我的天賦，但我很清楚不是每個人對財務相關的專業領域都有相同的熱情和敏銳度。

金錢是實踐「天賦自由」過程的「工具」，而非緊抱不放的事物。金錢是方便各種資源流動與連結的工具，而非終極目標。金錢如果被囤積就如同死水，被妥善使用就如同活水。「財務改造」不但要協助學員讓金錢能量活起來，同時也協助讓沉睡的資源、財富活起來。

在第一堂課我就開宗明義地打破金錢迷思，讓大家知道「金錢／貨幣」不等於財富。「財富」是什麼呢？

大自然的一切、陽光、空氣、水......都是財富，除了物質的財富，還有許多無形的財富，每個人的天賦才華都是財富。有形與無形的財富之間，都是可以流動互換的。以前的人以物易物、或是以自己的專長交換別人的專長與服務、或是以專長易物，就是財富流動的形式。

所以「活出天賦」、讓天賦自由，善盡自己的力量，財富的寶藏與泉源就在每個人身上。

如果不清楚自己的天賦是什麼，可以想想有什麼是自己既擅長又有熱情的？如果剛好有人需要，而且願意付費，這項才華就能變現。

如果當下這個天賦尚未發展成熟，就持續的琢磨。很多人是一邊工作一邊發展天賦，即使當下做的未必是符合自己天賦的工作，但可能逐漸在原本的工作之外先發展與天賦熱情相關的兼職工作，持續到完全可以在最喜愛的收入項目讓自己生活滿足，或在兩者間取得平衡。

從「風險管理」的原則來說，不貿然躁進，一步一步的累積，或許會較緩慢，卻是最容易踩穩腳步而抵達目標的方法。

當一個人踏實且努力的實踐自己的天賦，上天一定會安排許多「助緣」，讓機緣和貴人出現。我感受過機緣的巧妙安排，也希望自己有足夠的智慧在適當時機成為別人的貴人，協助更多人發揮天賦。

當我觀察一個人在天賦熱情的事物上持續努力、持續累積，時機成熟的時候我也透過購買他們的產品或服務，讓他們獲得實質的回饋、獲得從天賦創造的金錢財富。天賦才華的財富能量轉換成實質的金錢－這非常實際且能增強當事人的信心。

此外也透過人脈連結，讓彼此的天賦才能相互合作、擴大效益。

「一個人或許走得快；一群人卻能走得遠。」就像我非常喜歡的雁行理論：當雁群一起飛的時候，會減少空氣阻力，省下力氣讓雁群飛得更遠。一路上也能彼此照顧，讓更多同伴平安抵達目的地。

在角落燃起財富之光

在推廣「財務改造」的過程中認識了一些朋友，他們本身是收入很高的族群，有自己開工廠開公司的老闆、有非常善於投資靠投資專業累積大筆財富的朋友、有出身富有家庭的、也有年紀輕輕就靠房地產投資財富自由的……。他們有些是出於好奇而跑來聽課，除了好奇「財務改造」和他們原本的財務觀念有什麼差異之處，也有人好奇我正在做的事以及為何這麼做的理由。

因為人通常習慣和自己的「同溫層」往來，而不習慣和「非同溫層」打交道。如果把財富水位分成幾個不同的

樓層，頂多樓上樓下還會互相拜訪，樓層差太多就不太有機會產生交集。花費同樣的時間，如果我不是用在指導別人財務改造、而是用在累積自己的財富，可能效率要好得多。而且分享理財方法和投資資訊或投資機會給「原本就有在投資理財的族群」，肯定更容易看見財富成長的績效吧。

而我偏偏選擇把時間和專業分享給「幾乎毫無投資理財概念的族群」。

除了從種子法則讀書會的朋友開始分享「財務改造」課程，這兩年我的講課更延伸到戒治所，分享「財務改造」給受刑人。

起初的機緣是我的學員當中有瑜珈老師在戒治所教授瑜珈課程，她主動問我是否願意為她那群龍飛鳳舞的學生

上課，傳授「財務改造」的理念。我覺得很有意義，於是欣然前往。授課後獲得不錯的回響，成為正式的常態課程，而且開設了第二班。

除了為受刑人開課，我也進入社區大學推廣財務改造課程，成為社區大學的講師。當然，與此同時，我依然保有「藥師」的本業。

在《瑜珈真的有用嗎》書中的星期五姑娘，用瑜珈翻轉了監獄，讓監獄不再是監獄，而成了一所快樂學校，協助其中每個人幸福。

我很喜愛的一本書《臣服實驗》的作者麥克·辛格也到監獄分享靜心等課程。他鍛鍊臣服的生命故事讓我受到感動與啟發。

　　我很榮幸能夠盡一己之力、把「講財」的天賦貢獻於社會，推廣到社區、推廣到一般的家庭、推廣到戒治所……，讓「財富自由」不再是某個階層或族群的專利，讓人人都有機會透過「財務改造」打造健康財富體質而「財富自由」，進一步實現人人有機會「天賦自由」，並且共同發揮各自的天賦創造、讓整個世界一起「共好」。

　　我正在做的事就是在社會的角落裡點亮財富之光，讓光照到更多有需要的角落，讓更多人擁有更豐盛踏實的生活，豐盛、喜悅、感恩、共好的生活！

生命的悲喜與重生

記得有一段話說:「世界沒有悲劇和喜劇之分。如果你能從悲劇走出來,那就是喜劇;如果你沉湎於喜劇之中,它就是悲劇。」

時光倒轉回到 2018 年,是有輝的生命被重新洗牌的一年。這一年,曾經擁有的一切都離我而去:房子賣掉,妻子離婚,銀子借出,事業拆夥。

生命出現很大的「空」,曾經以為擁有的一切,再次歸零。我也因此而沉潛,重新省思與調整自己的生命步伐。

　　當事情接二連三毫無預期的發生，我也只能臣服。和這些比起來，金錢和事業的來去，更顯得是身外之物了。

　　生命中真正重要的是什麼呢？上天生我林有輝來做什麼呢？

　　失去也是一種得到。離婚，得到離婚經驗。在這經驗之前，不知道如何與離過婚的人聊這話題；得到此離婚經驗後，能很自在的與離過婚的人聊天，已不像從前有優越心理而覺得離婚者似乎是犯過什麼過錯。

　　在此之前，我對生命的態度也比較像個冷靜客觀的旁觀者，有些朋友會覺得我太雲淡風輕了；發生這些事情之後，我像被推了一把，就像某位朋友比喻的那樣「掉進水裡」，從一個岸上旁觀的人變成了置身其中的人。生命中的悲喜更加鮮明了起來。

我的思考回到生命的最初，「父兮生我，母兮育我。」因為父母的生育之恩、養育之恩，才有了林有輝。原本父祖輩都是勞力工作者，因為父親重視教育、督促我讀書，才有了「藥學士」林有輝；母親溫柔慈愛、敬佛禮佛、古道熱腸，濡染我養成與人為善的好習慣，才有了致力陪伴與分享的「財務教練」林有輝。跪下來奉茶給父母—「跪奉父母」—會是我貫徹一生和推廣的重要之事。

　　我思量，之前的自己，沒有拿出百分百的生命力來活；但生命的無常是隨時可以把一切收走，那麼任何的保留豈不是沒有任何意義，而且可笑嗎？既然當生命要收走一切的時候，沒有什麼是可以保留的，那保留沒有使用的生命力就是完全浪費了。不如毫無保留的、盡力的活出百分百的生命力，才不會有遺憾。

　　在沉潛且臣服的心境下，我更看重與珍惜來到面前的

機緣。於是上天的手牽引我，到鶯歌擔任藥師、到新店戒治所和受刑人分享「財務改造」課程；或許藉由自己的擴展與精進，將來可以助人更多。

「塞翁失馬，焉知非福」，分享我生命中「再次」歸零與重新出發的經驗與體悟，希望鼓勵跟我一樣處在人生低潮的讀者：就算經歷失去一切，只不過是上半場的一個句點；接下來，才是真正下半場的人生起點。

國家圖書館出版品預行編目（CIP）資料

築夢踏實事務所:斜槓實力擴展學苑 / 林品卉, 李仁豪,
蘇苡禎, 李翔竣, 林有輝作.-- 初版.-- 臺北市：智庫
雲端有限公司, 民 110.01
　　面；　　公分
ISBN 978-986-97620-8-3（平裝）

1.成功法 2.自我實現

177.2　　　　　　　　　　　　　　　　　　　109021339

築夢踏實事務所-斜槓實力擴展學苑

作　　　者：林品卉、李仁豪、蘇苡禎、李翔竣、林有輝
出　　　版：智庫雲端有限公司
發 行 人：范世華
責任編輯：李筠霏
封面美編：劉瓊蔓
地　　　址：104 台北市中山區長安東路 2 段 67 號 3 樓
統一編號：53348851
電　　　話：02-25073316
傳　　　真：02-25073736
E－mail：tttk591@gmail.com

總 經 銷：采舍國際有限公司
地　　　址：235 新北市中和區中山路二段 366 巷 10 號 3 樓
電　　　話：02-82458786（代表號）
傳　　　真：02-82458718
網　　　址：http://www.silkbook.com
版　　　次：2021 年（民 110）1 月初版一刷
定　　　價：320 元
I S B N：978-986-97620-8-3